Liebe Eltern!

Nach der vierten Klasse steht für die meisten Kinder ein Schulwechsel an. Mit diesem Übungsheft kann sich Ihr Kind einen Überblick über das in der Grundschule erarbeitete Wissen im Fach Mathematik verschaffen und die geforderten Inhalte wiederholen und vertiefen.

Die Aufgaben in diesem Heft orientieren sich am Lehrplan für das 4. Schuljahr sowie an den Aufgaben, die im Probeunterricht an den Realschulen und Gymnasien gestellt werden. Nicht immer werden alle Aufgaben genau zu dem im Unterricht behandelten Stoff passen. Im Rahmen des Lehrplans kann jede Lehrkraft Schwerpunkte für ihre Unterrichtsarbeit setzen. Darüber hinaus sind die Lehrpläne der Bundesländer nicht in allen Details identisch. Wählen Sie hier als Eltern gemeinsam mit Ihrem Kind, welche Aufgaben sinnvoll sind.

Die großen Themenbereiche – Zahlenraum bis zur Million, Grundrechenarten, Sachrechnen, Geometrie, Kombinatorik und Wahrscheinlichkeit – werden in 20 Kapiteln erarbeitet. In jedem Kapitel begegnet Ihnen der gleiche Aufbau: Zunächst wird am Anfang das Wichtigste kurz erklärt und an Hand von Beispielen veranschaulicht. Die darauffolgenden Übungen steigern sich im Schwierigkeitsgrad, sodass Ihr Kind von Aufgabe zu Aufgabe mehr Sicherheit erlangen kann. Abgestimmt auf diese Übungen folgt ein kurzer Test, der Aufschluss darüber geben soll, ob die geübten Inhalte sicher umgesetzt werden können.
Da im Unterricht an den weiterführenden Schulen nicht reine Rechenfertigkeiten im Vordergrund stehen, sondern zunehmend Transferleistungen gefordert werden, tragen die ausgewählten Aufgaben diesem Prinzip Rechnung. Zwei umfassende Abschlusstests runden das Heft ab.

In der Regel wird in den Tests jedes Ergebnis mit einem halben oder einem ganzen Punkt bewertet. Da auch Zwischenergebnisse bepunktet werden, sollten Sie Ihr Kind stets dazu ermutigen, alle Rechenschritte aufzuschreiben. So kann ein falsches Rechenergebnis bei richtigem Rechenweg auch Punkte bringen.

Grundsätzlich ist das Heft so konzipiert, dass Ihr Kind selbstständig damit arbeiten kann. Das gemeinsame Gespräch über Mathematik ist jedoch oftmals hilfreich und ein Lob für bewältigte Aufgaben bringt zusätzliche Motivation.

Ich wünsche Ihrem Kind viel Freude und Erfolg beim Üben und einen gelungenen Start an der weiterführenden Schule!

Gina Harder

Liebe Schülerin,
lieber Schüler, da und
dort erkläre ich dir etwas.
Beachte meine Tipps!
Viel Erfolg!

1. Das musst du wissen: Zahlenraum bis 1 000 000

Stellenwerttafel:
Jede beliebige Zahl kann aus den Ziffern 0, 1, 2, 3, 4, 5, 6, 7, 8 und 9 gebildet werden. Der Wert einer Ziffer hängt von seiner Position innerhalb der Zahl ab.

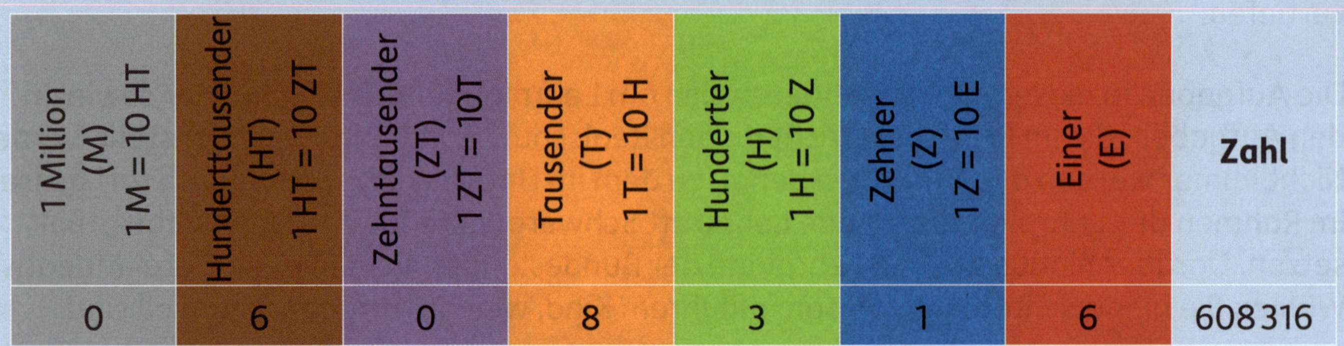

1 Million (M) 1 M = 10 HT	Hunderttausender (HT) 1 HT = 10 ZT	Zehntausender (ZT) 1 ZT = 10T	Tausender (T) 1 T = 10 H	Hunderter (H) 1 H = 10 Z	Zehner (Z) 1 Z = 10 E	Einer (E)	Zahl
0	6	0	8	3	1	6	608 316

Die Stellenwerttafel hilft auch beim Vergleichen von Zahlen (<, >, =).

Zahldarstellungen:

Zerlegung: 608 316 = **6 · 100 000** + **0 · 10 000** + **8 · 1000** + **3 · 100** + **1 · 10** + **6 · 1**

608 316 = **6 HT** + **0 ZT** + **8 T** + **3 H** + **1 Z** + **6 E**

als Wort: 608 316 = **sechshundertachttausenddreihundertsechzehn**

Zahlenstrahl:

Ein Zahlenstrahl kann verschiedene Einheiten haben, z. B. **Einer**-, **Zehner**-, **Hunderter**-, **Tausender**schritte.

Nachbarzahlen:
Jede **Zahl** hat einen **Vorgänger** (um 1 kleiner) und einen **Nachfolger** (um 1 größer). Außerdem hat jede Zahl noch weitere Nachbarn: **Nachbarzehner**, **Nachbarhunderter**, **Nachbartausender** …

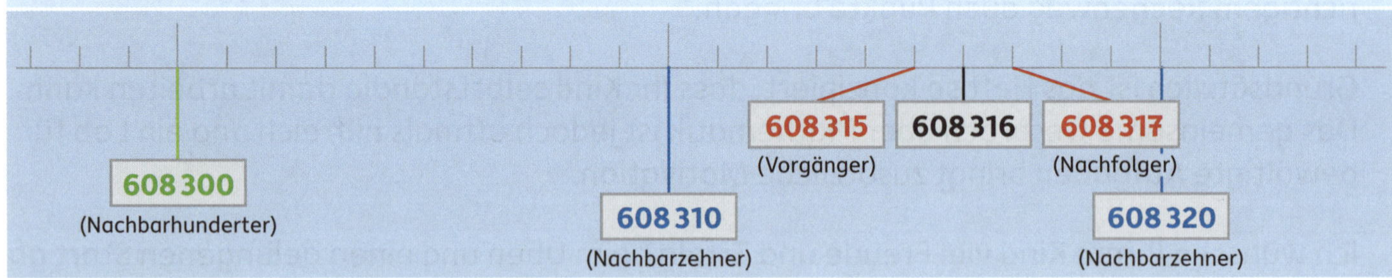

2. Jetzt geht's ans Üben!

1 Schreibe die Wörter als Zahl.

vierhundertsiebenunddreißigtausendneunhundertzwanzig ____________

achthundertviertausendsechshundertneun ____________

2 **Schreibe nun die Zahl als Wort.**

308 523 = ______________________________

____

721 064 = ______________________________

____

3 **Zerlege die Zahlen.**

21 387 = 20 000 + 1000 + ______________________________

165 219 = ______________________________

837 639 = ______________________________

4 **Welche Zahlen erhältst du?**

500 + 20 000 + 3 + 7000 + 300 000 + 80 = ______________________________

400 000 + 4000 + 8 + 60 000 + 900 = ______________________________

5 **Ergänze die Stellenwerttafel.**

Zerlegung	HT	ZT	T	H	Z	E	als Zahl
3 HT 1 ZT 9 T 2 H 8 E							
5 HT 4 T 9 H 7 Z 3 E							
	4	1	9	3	7	8	
							319 285
							457 093

6 **Trage die fehlenden Zahlen in die Kästchen ein.**

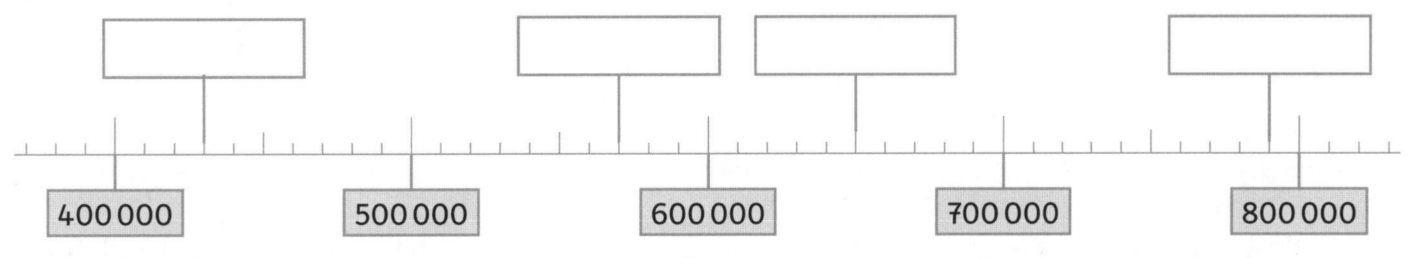

7 Wo liegen die Zahlen auf dem Zahlenstrahl? Verbinde die Kästchen passend.

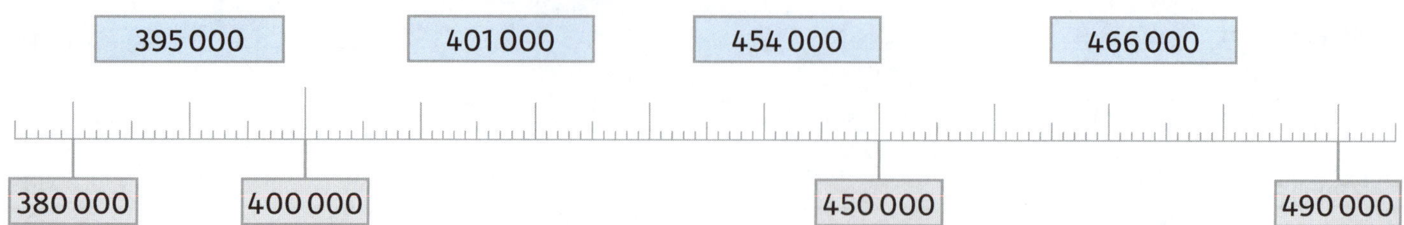

8 Lina hat auf der Stellenwerttafel eine Zahl mit roten Plättchen gelegt.

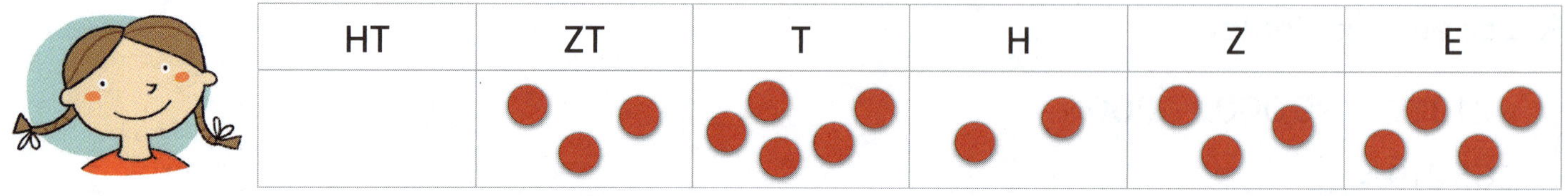

a Lina nimmt ein Plättchen weg. Notiere alle Zahlen, die dadurch entstehen können.

____

b Nun schiebt sie jeweils ein Plättchen aus jeder Spalte um eine Stelle nach links.

Welche Zahl erhält sie jetzt? ______________________________

c Sie legt wieder die Zahl aus der Stellenwerttafel oben. Dann tauscht sie die Plättchen der Zehntausenderstelle mit denen der Einerstelle und die der Hunderttausenderstelle mit denen der Tausenderstelle.

Wie heißt ihre neue Zahl? ______________________________

9 Du hast die Ziffernkarten 0 4 7 9 2. Verwende jede Ziffer für jede Zahl genau einmal.

a Bilde die größtmögliche Zahl. ______________________________

b Bilde die kleinstmögliche Zahl. ______________________________

10 Ordne die Zahlen der Größe nach. Beginne mit der kleinsten.

72 375 78 732 264 7420 1 712 328 739 723 264 73 275

78 < ______________________________

____

11 **Male in jeder Reihe die kleinste Zahl blau und die größte Zahl rot an.**

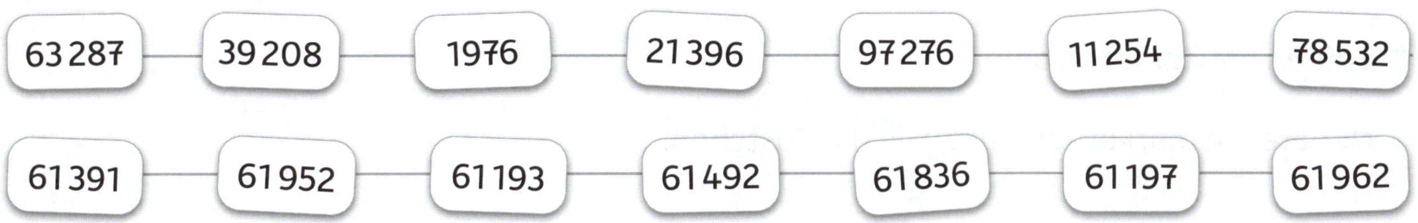

12 **Vergleiche: <, > oder =.**

13 432 ◯ 13 342   91 720 ◯ 91 721   54 603 ◯ 5 ZT 4 T

70 200 ◯ 7 ZT 2 H   6989 ◯ 6990   66 287 ◯ 66 827

13 **Notiere die Vorgänger und Nachfolger.**

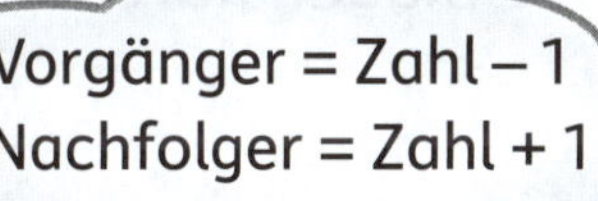

_______________ 82 719 _______________

_______________ 713 000 _______________

_______________ 88 290 _______________

14 **Fülle die Tabelle aus.**

Nachbar-ZT	Nachbar-T	Zahl	Nachbar-T	Nachbar-ZT
		247 491		
		69 315		

15 **Wie heißt der Vorgänger der kleinsten fünfstelligen Zahl?**

____

16 **Setze jede Zahlenreihe fort und beschreibe die Regel.**

3000, 5000, 7000, _______________, _______________, _______________

Regel: ____

48 000, 24 000, 12 000, _______________, _______________, _______________, 750

Regel: ____

3. Bist du fit für den Übertritt?

1 Zahlen am Zahlenstrahl.

a Notiere die markierten Zahlen in die Kästchen.

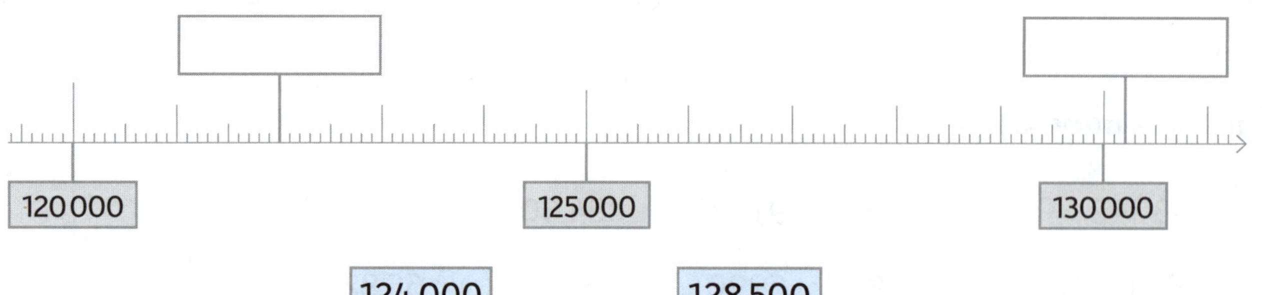

/2

b Verbinde die blauen Kärtchen mit der richtigen Stelle auf dem Zahlenstrahl. /2

2 Wie heißt die kleinstmögliche gerade Zahl, die du aus folgenden Ziffernkarten bilden kannst? Verwende jede Karte genau einmal.

Die Zahl heißt ____________. /1

3 Bilde aus den Ziffernkarten die folgenden sechsstelligen Zahlen. Verwende jede Karte genau einmal.

5 0 1 9 2 7

a Die größtmögliche Zahl: ____________

b Die kleinstmögliche Zahl: ____________

c Die kleinste Zahl, die größer als 900 000 ist: ____________

d Vier verschiedene 6-stellige Zahlen mit einer 5 an der H-Stelle:

____

____ /4

4 Wie viele zweistellige Zahlen gibt es, an deren Einerstelle die Ziffer 6 steht?

Es sind ____________ Zahlen. /1

5 **Stell dir die Zahl 43 816 vor.**
Streiche nun eine Ziffer, so dass die 4-stellige Zahl, die entsteht, so groß wie möglich wird.

Die Zahl heißt: ____________. /1

6 **Ordne die Zahlen 28 429, 2687, 28 529, 281 345, 29 237, 2678 der Größe nach.**
Beginne mit der kleinsten Zahl.

____ /1

7 **Vergleiche und setze <, > oder = richtig ein.**

8267 ◯ 8627	32 914 ◯ 23 914	78 234 ◯ 87 234
30 401 ◯ 3 ZT 4 H	54 827 ◯ 54 828	60 530 ◯ 6 ZT 5 H 3 Z

/3

8 **Ergänze die beiden nächsten Zahlen und beschreibe jeweils die Regel, nach denen die Zahlenfolgen aufgebaut sind.**

895	965	1035	1105	1175		

Regel: ____

7	11	19	31	47	67		

Regel: ____ /4

9 **Notiere sechs fünfstellige Zahlen, deren Quersumme 4 beträgt. (Die Quersumme ist die Summe aller Ziffern einer Zahl, z. B. 541 → 5 + 4 + 1 = 10 → Quersumme 10.)**

____

____ /3

Von 22 Punkten hast du ______ erreicht.

1. Das musst du wissen: Schriftliche Addition

Achte bei der schriftlichen Addition immer darauf, die Zahlen stellengerecht untereinanderzuschreiben. Also **Einer (E)** unter **Einer (E)**, **Z unter Z** ... Sobald die Summe an einer Stelle größer ist als 9, denke an den Übertrag.

	H	Z	E
	7	9	3
+	4	2	8
	1	1	
1	2	2	1

Sprich dazu:

8 plus 3 gleich 11; **1** an, 1 gemerkt (1 an der nachfolgenden Stelle: Z-Stelle);
1 plus 2 plus 9 gleich 12; **2** an, 1 gemerkt (1 an der H-Stelle);
1 plus 4 plus 7 gleich 12; **12** an. (1 an der T-Stelle)

2. Jetzt geht's ans Üben!

1 **Schreibe die Zahlen stellengerecht untereinander und rechne aus.**

6398 + 603289 | 27356 + 230378 | 278421 + 198356 | 156142 + 599999

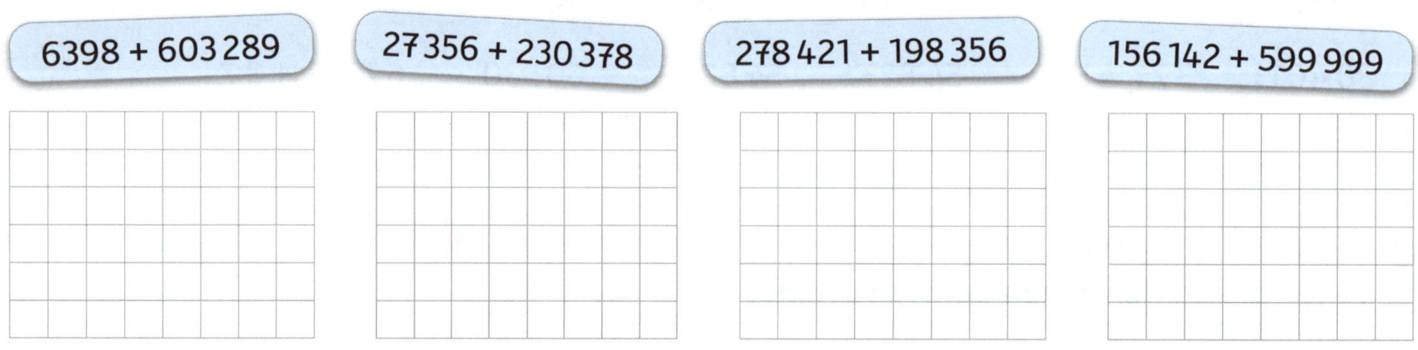

2 **Addiere jeweils die Zahlen der gleichen Farbe.**

478 | 341974 | 21365 | 756254 | 352836 | 3754 | 76826 | 1218 | 5820

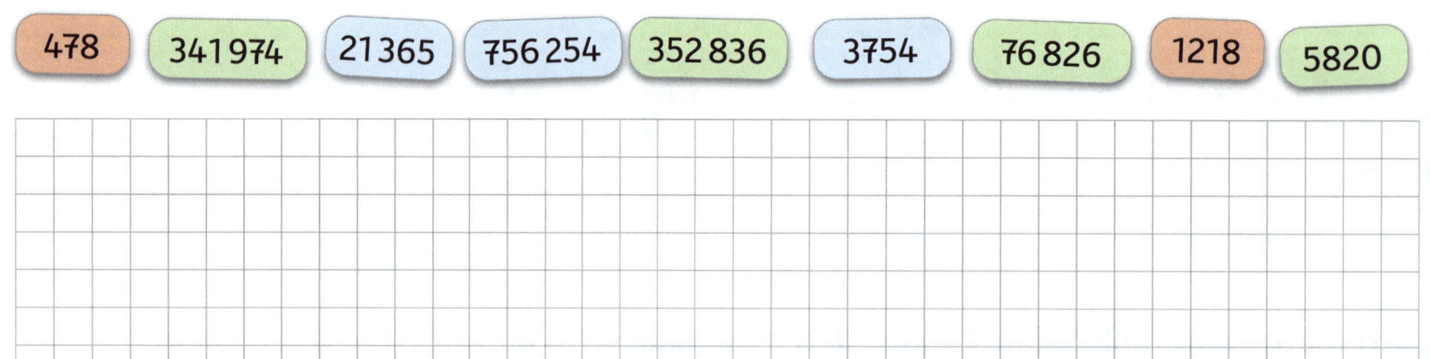

3 **Du erhältst meine Zahl, wenn du zu der Summe aus 4298 und 2318 die Zahl 5729 addierst. Kreise die Ergebniszahl ein.**

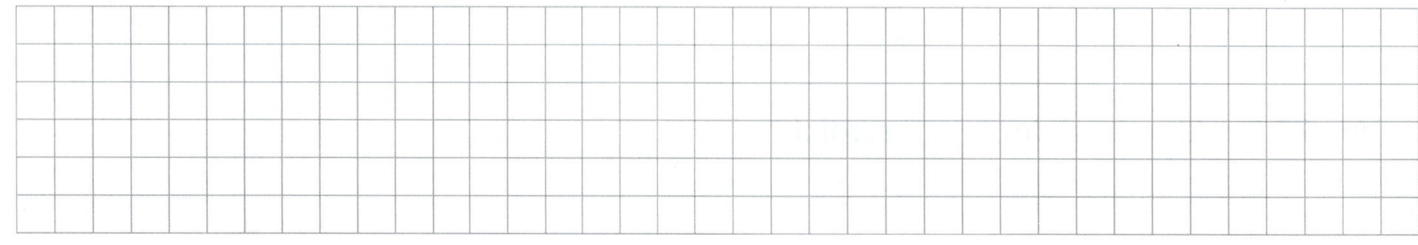

3. Bist du fit für den Übertritt?

1 Rechnungen mit schönen Ergebnissen. Rechne aus oder ergänze richtig.

	4	8	2	6	6	1
+	4	3	7	2	5	8

	1	7	4	8	7	0
+	1	5	8	4	6	3

	4	8	3	6	7
+					
	5	4	3	2	1

/3

2 Rechne auf deinem Weg: 568 234 + 134 729 + 34 298

/2

3 Hier wurde falsch gerechnet. Markiere den Fehler und rechne daneben richtig.

	6	2	1	8	4	2
+	2	8	9	3	6	4
	1	1	1			
	9	1	1	2	1	6

	2	6	7	0	2	6
+	5	1	9	3	9	5
				1	1	
	7	7	6	4	2	1

/4

4 Ergänze die fehlenden Zahlen.

	4		1	5
+	5	3	6	
			1	
		5	8	4

		5	2	5
+	8	4		2
	1	1		
	6		1	7

	3	1		2	
+		3	7	3	5
		1		1	
	9	5	2		1

/5,5

**5 Addiere zum Doppelten von 25 000 die Summe aus 2988 und 11 476.
Kreise die Ergebniszahl ein.**

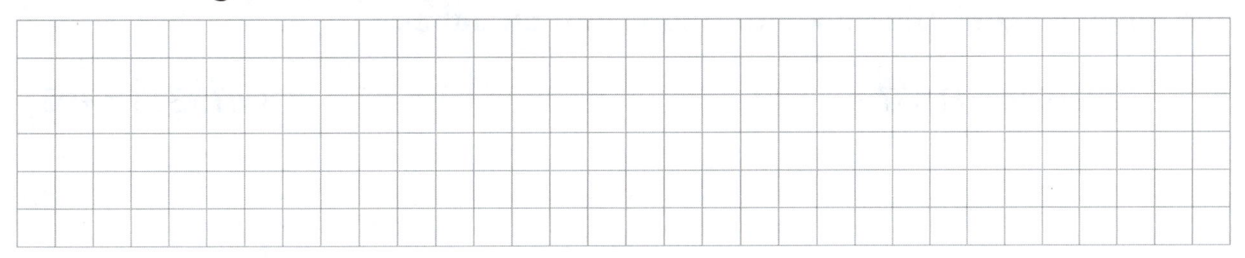

/3

Von 17,5 Punkten hast du ______ erreicht.

1. Das musst du wissen: Schriftliche Subtraktion

Es gibt verschiedene Möglichkeiten. Rechne so, wie du es in der Schule gelernt hast.

Abziehverfahren

	H	Z	E
		7	11
	7	~~8~~	~~1~~
−	4	5	3
	3	2	8

Sprich dazu:
1 − 3 geht nicht.
Ich entbündle 1 Z in 10 E
Jetzt ist es 1 Z weniger:
aus 8 Z werden 7 Z.
Aus 1 E werden 11 E.

11 − 3 = 8; **8** an;
7 − 5 = 2; **2** an;
7 − 4 = 3; **3** an.

Abziehverfahren

	H	Z	E
	7	8	1
		I	
−	4	5	3
	3	2	8

Sprich dazu:
1 − 3 geht nicht.
Ich entbündle 1 Z und zeichne einen Strich I.
Aus 1 E werden 11 E.

11 − 3 = 8; **8** an;
8 − 1 − 5 = 2; **2** an;
7 − 4 = 3; **3** an.

Ergänzungsverfahren

	H	Z	E
	7	8	1
−	4	5	3
		1	
	3	2	8

Sprich dazu:
Es wird von unten nach oben ergänzt. 3 + wie viel = 1? Das geht nicht. Ich ergänze nicht auf 1 sondern auf 11.
Also, 3 + wie viel = 11?

3 + **8** = 11; **8** an, 1 gemerkt;
1 + 5 = 6; 6 + **2** = 8; **2** an;
4 + **3** = 7; **3** an.

2. Jetzt geht's ans Üben!

1 Rechne, wie du es in der Schule gelernt hast.

	4	2	4	8
−	1	9	0	3

	9	1	7	2
−	7	2	5	3

	9	6	3	4	9
−	5	3	9	2	5

	4	7	0	5	4
−	3	5	9	4	3

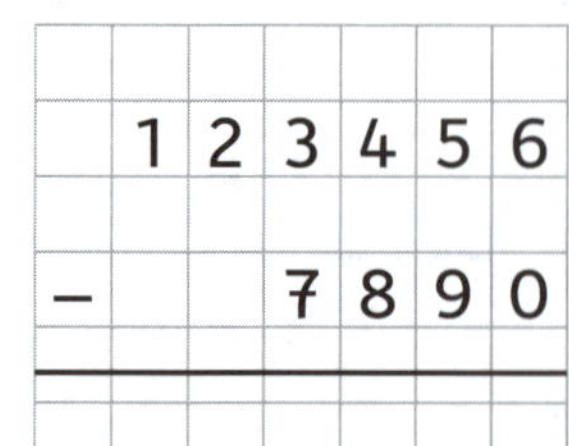

2 Berechne die fehlende Zahl. Die Umkehraufgabe hilft dir dabei.

__________ − 237 629 = 71 947

__________ + 475 353 = 793 572

3. Bist du fit für den Übertritt?

1 Rechne auf deinem Weg: 468 234 – 134 729 – 34 206

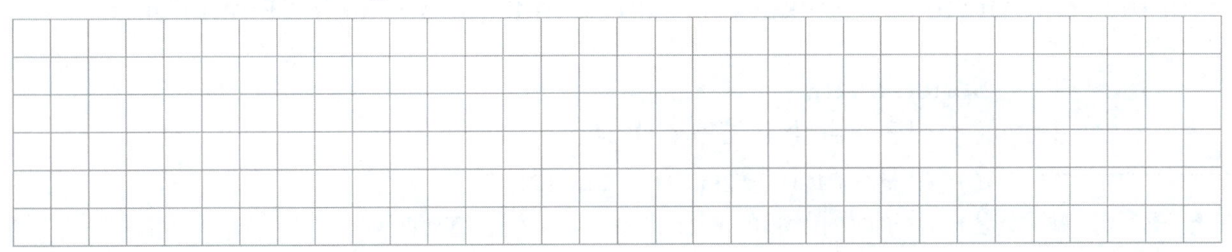

/2

2 Hier wurde falsch gerechnet. Markiere den Fehler und rechne daneben richtig.

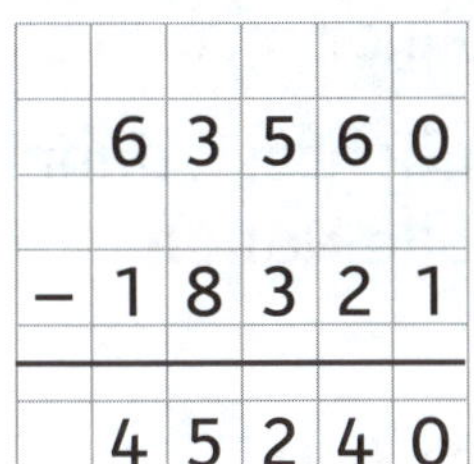

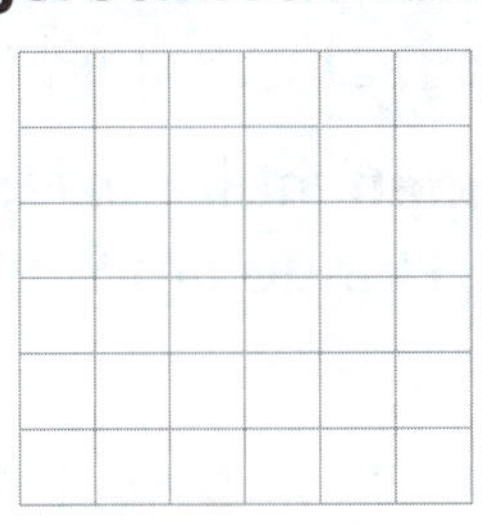

/4

3 Ergänze die fehlenden Zahlen.

6 □ 2 □ 4
– 4 1 2 6 □
2 8 □ 3 2

□ 2 1 □ 4
– 6 □ 3 7 8
1 1 □ 1 6

8 □ 1 5 2 6
– 5 6 3 7 3 □
□ 6 7 □ 9 1

/6

4 Überlege dir eine passende Frage, rechne und antworte.

Die Augusten-Schule besuchen 731 Schülerinnen und Schüler. Bis zum Ende der Sommerferien verlassen 179 Kinder die Schule. Zum neuen Schuljahr kommen nun 218 neue Schülerinnen und Schüler an die Schule.

F: ______

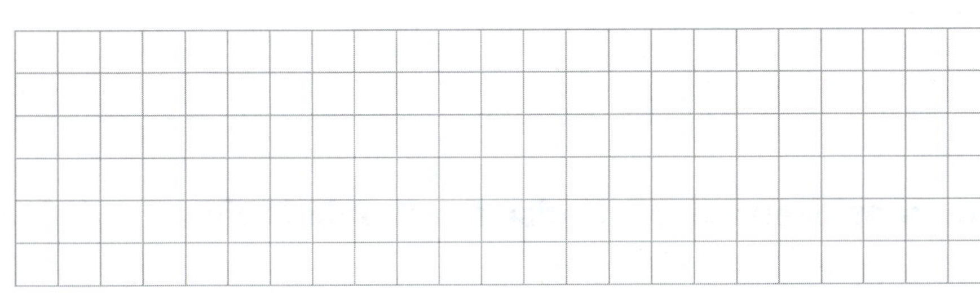

A: ______

/3,5

Von 15,5 Punkten hast du ______ erreicht.

1. Das musst du wissen: Schriftliche Multiplikation

Tipp: Übe für die schriftliche Multiplikation noch einmal gut das kleine Einmaleins.

	7	9	3	·	2	3
		1	5	8	6	0
			2	3	7	9
			1	1		
		1	8	2	3	9

Sprich dazu:
2 mal 3 gleich 6, **6** an, 0 gemerkt;
2 mal 9 gleich 18, **8** an, 1 gemerkt;
2 mal 7 gleich 14, plus 1 gleich 15, **15** an.
3 mal 3 gleich 9, **9** an, 0 gemerkt;
3 mal 9 gleich 27, **7** an, 2 gemerkt;
3 mal 7 gleich 21, plus 2 gleich 23, **23** an.
Zum Schluss werden die Teilergebnisse der Multiplikation addiert.

Wenn du Zahlen, die auf eine oder mehrere **Nullen enden** multiplizieren möchtest, dann **rechne zunächst ohne die Nullen** am Ende jeder Zahl. Hänge am Schluss alle **Nullen** deiner Rechnung wieder an das Ergebnis an.

40 · 700 = 28000   300 · 400 = 120000

Rechne: 4 · 7 = 28   3 · 4 = 12

2. Jetzt geht's ans Üben!

1 Rechne im Kopf.

7 · 9 = ______   8 · 7 = ______   90 · 8 = ______

400 · 8 = ______   200 · 80 = ______   70 · 50 = ______

900 · 30 = ______   800 · 60 = ______   600 · 70 = ______

2 Rechne schriftlich.

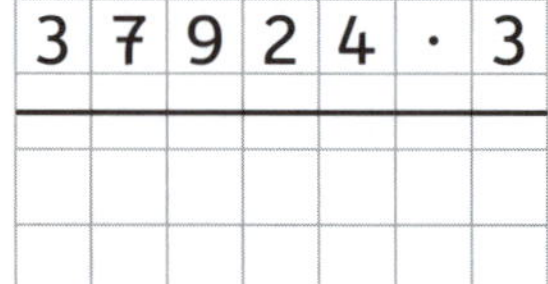

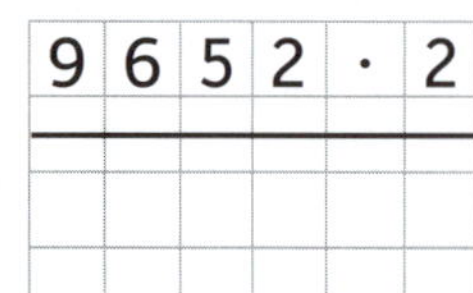

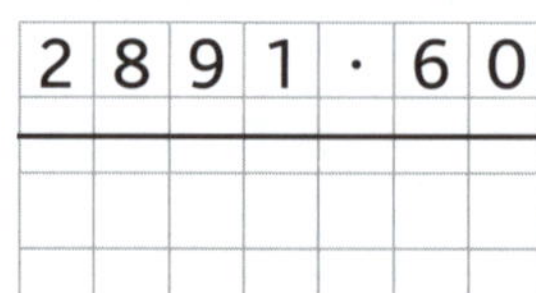

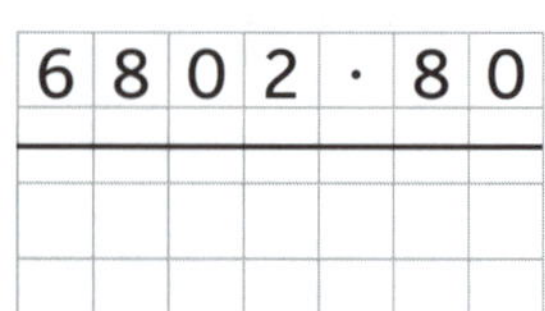

3 Multipliziere die Zahl 776 mit dem Doppelten von 35. Kreise das Ergebnis ein.

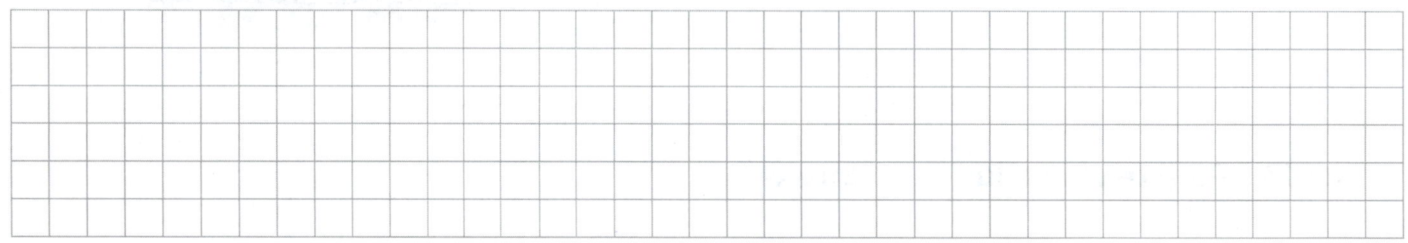

4 **Rechne im Kopf oder schriftlich.**

520 · 78 = ______

420 · 200 = ______

1463 · 2 = ______

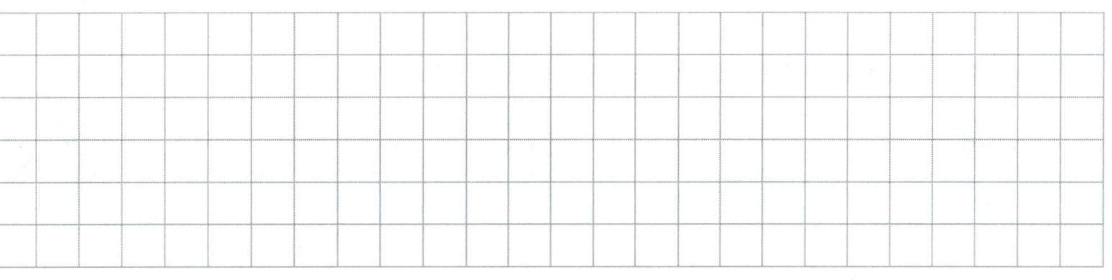

5 **Rechne schriftlich.**

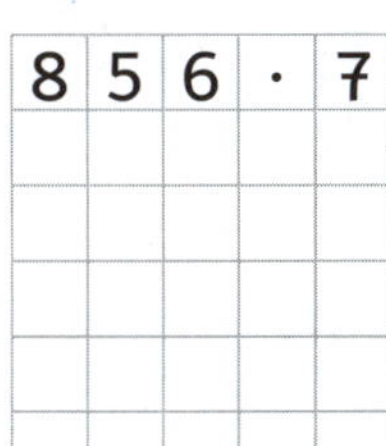

856 · 7

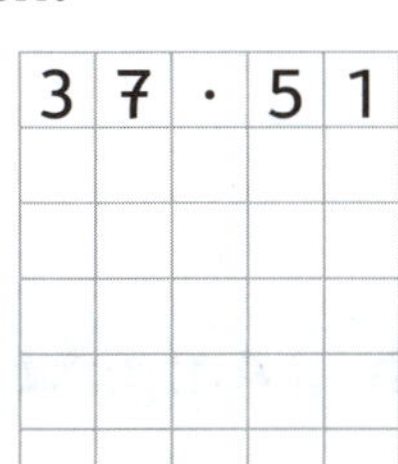

37 · 51

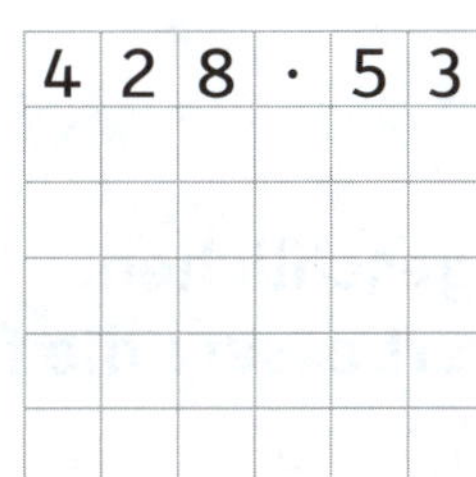

428 · 53

7259 · 29

6 **Mit welchen dieser Zahlen musst du multiplizieren, damit die Ergebnisse stimmen?**

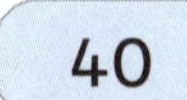

40 50 60 400 500 600

421 · ___	21050
637 · ___	254800
421 · ___	210500
284 · ___	17040
637 · ___	25480
284 · ___	170400

7 **Fülle die Lücken.**

_ 2 _ · 8	5832
4 _ 1 · 7	329_
3 _ 74 · 8	309_2

8 **Kreuze das richtige Ergebnis an.**

Die Klasse 4b kann sich in 3er-Gruppen und 4er-Gruppen aufstellen: Beide Male geht es auf. Wenn sie sich allerdings in 5er-Gruppen aufstellt, besteht die letzte Gruppe nur aus 4 Kindern.
Wie viele Kinder besuchen die Klasse?

◯ 12 Kinder ◯ 18 Kinder ◯ 24 Kinder ◯ 29 Kinder

3. Bist du fit für den Übertritt?

1 Rechne und trage die Ergebnisse ein.

4725 · 4 = ________ 7125 · 6 = ________ 3702 · 5 = ________

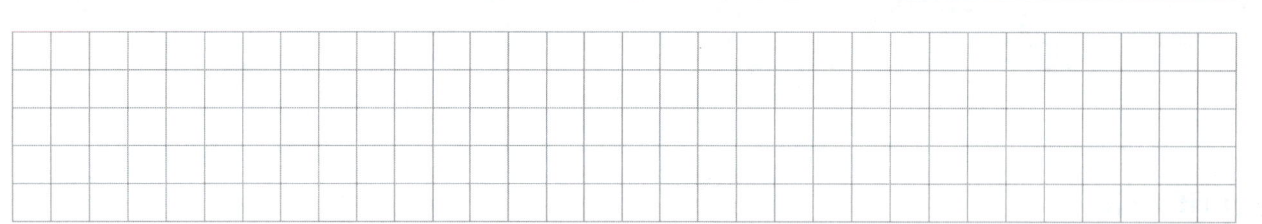

/3

**2 In zwei Aufgaben haben sich Fehler eingeschlichen.
Kreise die richtigen Aufgaben ein und verbessere die falschen Aufgaben.**

6	2	8	·	4
	2	5	1	2

4	7	1	·	7
	3	1	9	7

5	2	9	·	8
	4	2	3	2

6	9	6	·	3
	1	9	8	8

/4

3 Fülle die Lücken.

4		8	5	3	·	7
	3	3	4	9	7	

	4	2	8	·	5	3
	4	7	1		0	0
			8	2	8	4
	4	9	9	6	8	4

2	7	2	5	9	·		9
		5	4		1	8	0
		2	4	5	3		1
		7		0	5	1	1

/4,5

4 Familie Gruber hat 2500 € gespart und richtet sich nun ihr Esszimmer neu ein. Sie kaufen einen Esstisch für 578 €, 2 Sessel für je 239 € und 4 Stühle für je 179 €. Die beiden Deckenleuchten kosten je 136 €.

F: Wie viel Geld bleibt ihnen von den 2500 € noch übrig?

A: ____

/5,5

Von 17 Punkten hast du ______ erreicht.

1. Das musst du wissen: Schriftliche Division

Rechne schrittweise von links nach rechts.

	T	H	Z	E						
	3	2	5	2	:	6	=	**5**	**4**	**2**
−	3	0	↓	↓						
		2	5							
	−	2	4	↓						
			1	2						
		−	1	2						
				0						

Sprich dazu:
3 geteilt durch 6 geht 0-mal, deshalb:
32 geteilt durch 6 geht 5-mal, **5** an; 5 mal 6 gleich 30;
32 minus 30 gleich 2, 2 an, 5 kommt herunter.
25 geteilt durch 6 geht 4-mal, **4** an; 4 mal 6 gleich 24;
25 minus 24 gleich 1, 1 an, 2 kommt herunter.
12 geteilt durch 6 gleich 2, **2** an; 2 mal 6 gleich 12;
12 minus 12 gleich 0.

Beim Dividieren mit Zahlen, die auf eine oder mehrere **Nullen enden**, kannst du, falls möglich, **gleich viele Nullen** bei der ersten und der zweiten Zahl **streichen**. Das Ergebnis bleibt immer gleich!

4 8 ~~0~~ ~~0~~ : 6 ~~0~~ ~~0~~ = 8
4 8 : 6 = 8

5 6 0 ~~0~~ : 8 ~~0~~ = 7 0
5 6 0 : 8 = 7 0

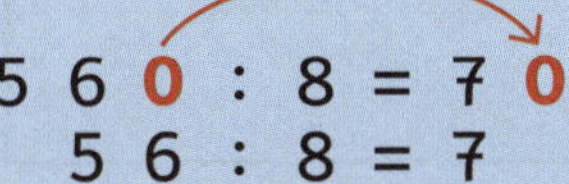

Rechne hier zunächst **ohne die Null**, vergiss aber nicht, sie an das Ergebnis wieder **anzufügen**.

2. Jetzt geht's ans Üben

1 Rechne im Kopf. Beachte die Anzahl der Nullen.

3600 : 600 = ______ 49 000 : 700 = ______ 56 000 : 80 = ______

2100 : 30 = ______ 27 000 : 9000 = ______ 3000 : 5 = ______

2 Rechne schriftlich.

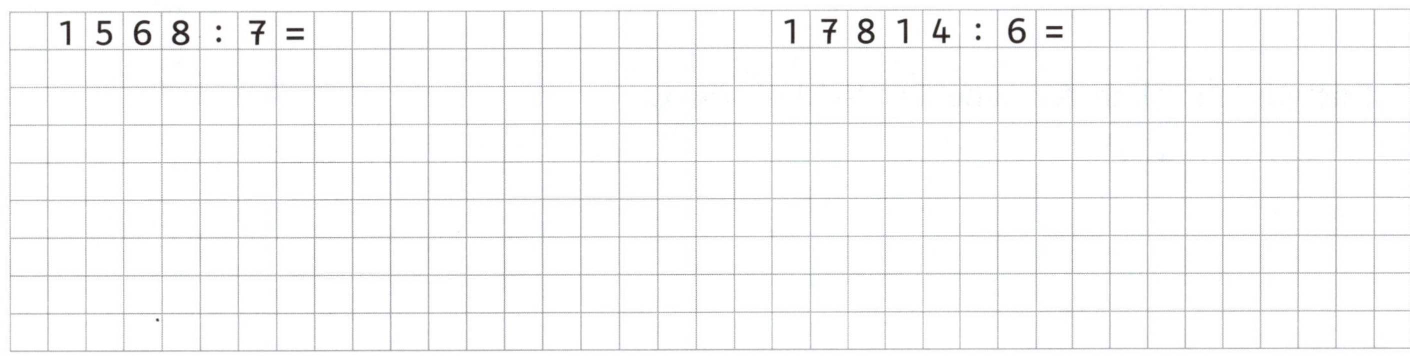

Vorsicht Nullen!

	8	3	6	:	4	=	**2**	**0**	**9**
–	8		3 : 4						
	0	3							
	–	0		0 · 4					
		3	6						
	–	3	6						
			0						

8 geteilt durch 4 gleich **2**.

3 geteilt durch 4 geht 0-mal.
Notiere diese **0** im Ergebnis!
0 mal 4 gleich 0;
3 minus 0 ist 3, 6 herunter;
36 geteilt durch 4 gleich **9**.

3 **Rechne schriftlich: Achte auf die Null. Rechne zur Kontrolle die Umkehraufgabe/Probe.**

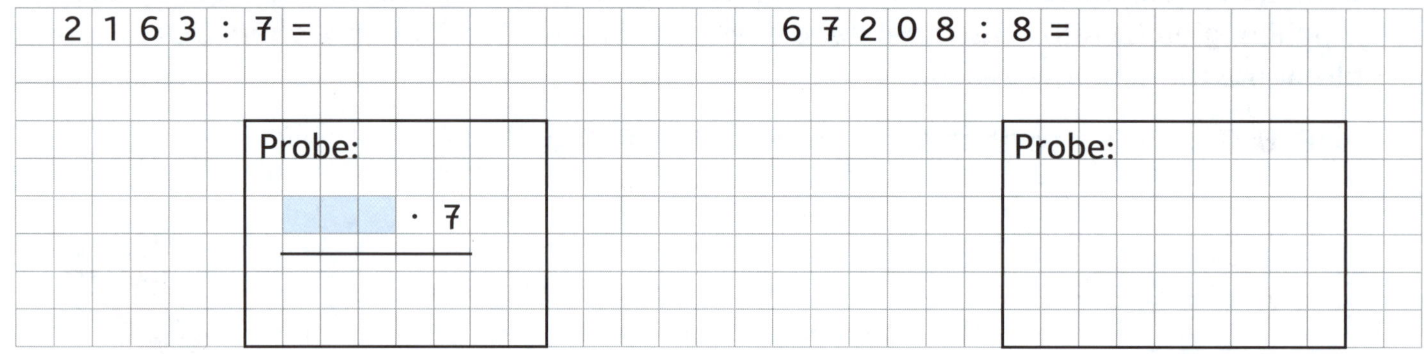

4 **Rechne schriftlich.**

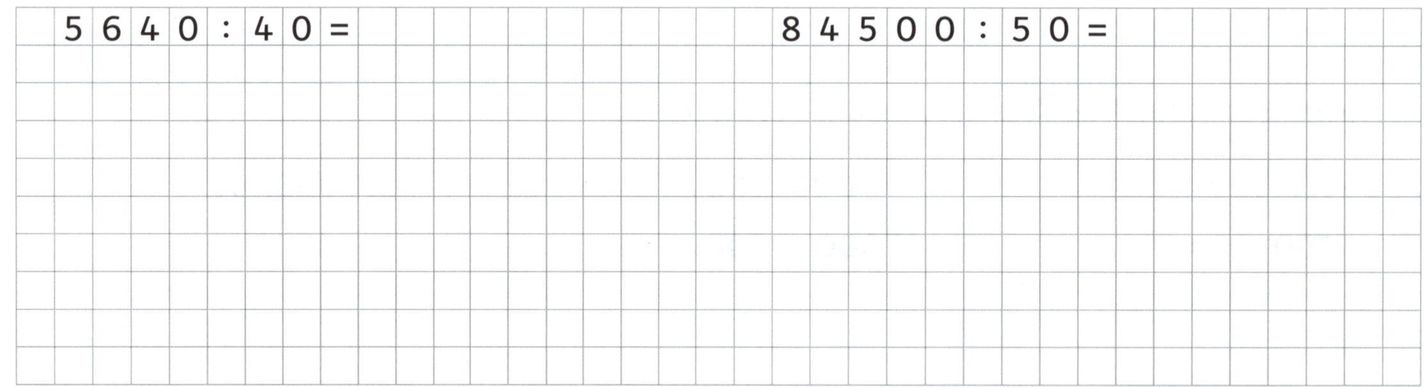

5 **Rechne schriftlich. Achtung: Es bleibt ein Rest.**

341 : 4 = R

53810 : 6 = R

3. Bist du fit für den Übertritt?

1 Bestimme die fehlenden Ziffern.

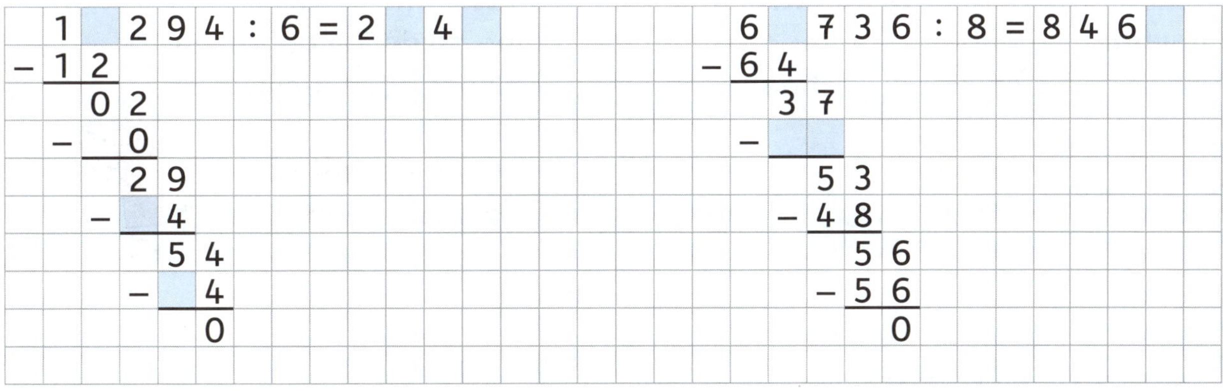

☐ /4,5

2 Überlege genau, welche Aufgaben durch 5 ohne Rest teilbar sind.

a Male diese Aufgaben an.

8412 : 5 | 7925 : 5 | 4318 : 5 | 61 500 : 5

☐ /2

b Rechne nun die übrigen Aufgaben mit Rest aus.

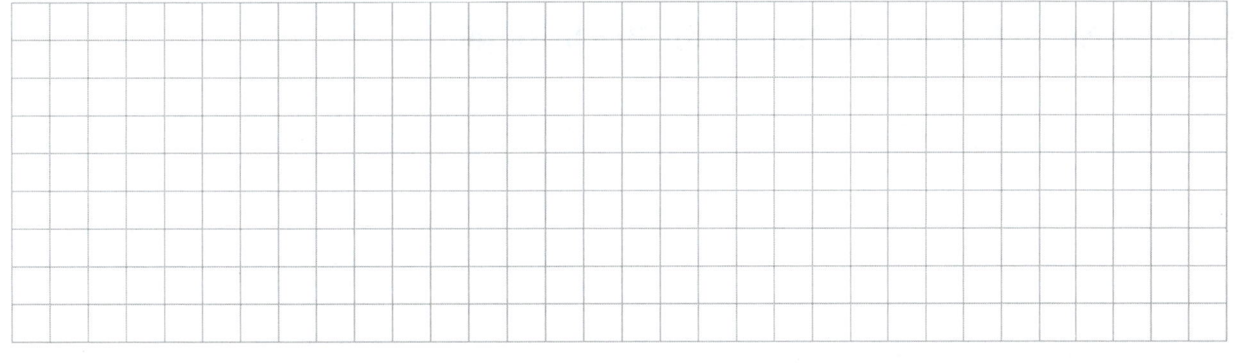

☐ /2

3 Luis hat sich ein neues Buch mit 336 Seiten gekauft. Wie viele Seiten muss er durchschnittlich pro Tag lesen, wenn er es innerhalb einer Woche lesen will?

A: ______________________________

☐ /2,5

Von 11 Punkten hast du ______ erreicht.

1. Das musst du wissen: Punkt-vor-Strich-Regel

Wir unterscheiden sogenannte **Punktrechnungen** (· und :) und **Strichrechnungen** (+ und –). Kommen in einer Rechnung beide Rechenarten vor, gilt die Punkt-vor-Strich-Regel. Erst danach rechne von links nach rechts.

$28 - \underbrace{4 \cdot 6} = 4$

$28 - 24 = 4$

mal vor minus

$17 + \underbrace{9 : 3} = 20$

$17 + 3 = 20$

2. Jetzt geht's ans Üben!

1 **Rechne im Kopf.**

3 · 8 – 7 = ____	72 : 8 + 25 = ____	48 : 4 + 40 = ____
86 – 6 · 9 = ____	42 + 56 : 7 = ____	91 – 45 : 5 = ____
8 · 9 + 12 = ____	94 – 9 · 7 = ____	81 : 9 + 46 = ____

2 **Rechne schrittweise. Achte auf die Punkt-vor-Strich-Regel.**

3 **Rechne beide Seiten schrittweise aus. Vergleiche dann die Ergebnisse der beiden Seiten und setze das richtige Zeichen ein: <, > oder =.**

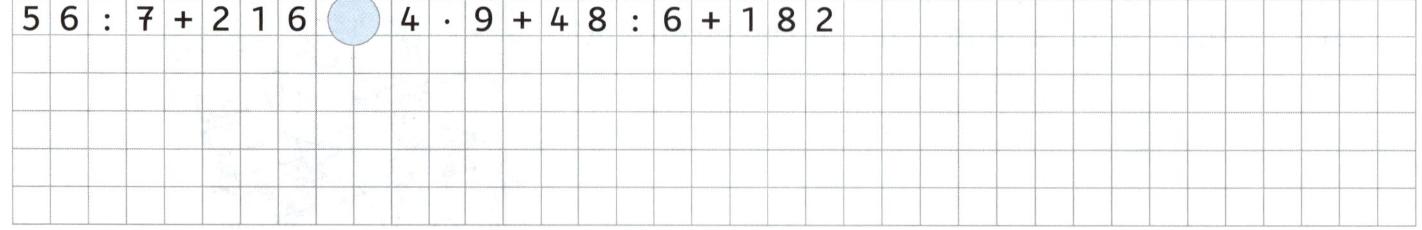

4 **Setze in die Kästchen der beiden Rechnungen, die Rechenzeichen +, –, · oder : so ein, dass das Ergebnis stimmt.**

8 ☐ 3 ☐ 4 ☐ 5 = 44

3 ☐ 3 ☐ 54 ☐ 6 = 0

1. Das musst du wissen: Runden

Manchmal ist es sinnvoll, Zahlen zu runden. Um eine Zahl auf eine **bestimmte Stelle** zu runden, sieh dir zunächst immer die **Ziffer rechts** von dieser Stelle an.
Ist diese Ziffer eine 0, 1, 2, 3 oder 4, musst du abrunden.
Ist diese Ziffer eine 5, 6, 7, 8 oder 9, musst du aufrunden.

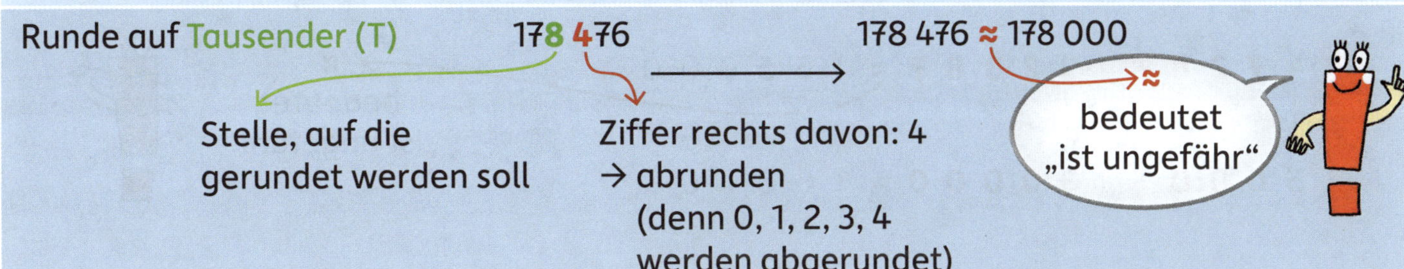

2. Jetzt geht's ans Üben!

1 Runde die Zahlen auf die in der Klammer angegebene Stelle.

2612 (T) ≈ ____________ 276 (Z) ≈ ____________

16 349 (H) ≈ ____________ 13 269 (H) ≈ ____________

629 831 (ZT) ≈ ____________ 629 831 (T) ≈ ____________

2 Runde die Zahlen auf Zehntausender und sortiere die gerundeten Zahlen der Größe nach. Beginne mit der kleinsten Zahl.

218 492 ≈	71 738 ≈	281 528 ≈	38 249 ≈	75 472 ≈
________	________	________	________	________

________ < ________ < ________ < ________ < ________

3 Kreuze alle möglichen Antworten an.

Bei einem Fußballspiel in der Allianz Arena in München waren rund 67 000 Zuschauer. Die Besucherzahl wurde auf Tausender gerundet. Wie viele Zuschauer könnten es tatsächlich gewesen sein?

◯ 66 319 ◯ 67 428 ◯ 66 821 ◯ 67 586

1. Das musst du wissen: Überschlagen

Um bei großen Rechnungen den **Überblick zu behalten**, kann es helfen, eine Überschlagsrechnung zu machen. Runde dazu die Zahlen sinnvoll, damit du die Aufgabe im Kopf lösen kannst.
Das Ergebnis verrät dir, wie groß das Ergebnis deiner Rechnung **ungefähr** sein wird.

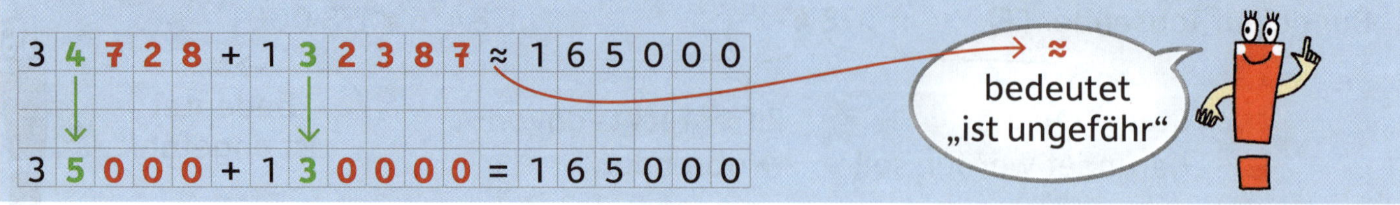

2. Jetzt geht's ans Üben!

1 Runde die Zahlen sinnvoll und finde mit einer Überschlagsrechnung heraus, in welchem Bereich das Ergebnis liegt. Male die Kärtchen entsprechend an.

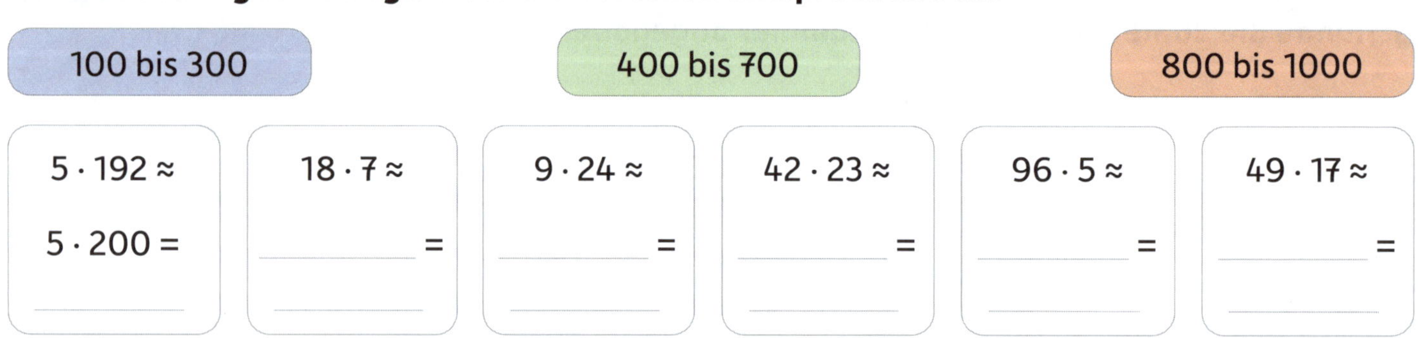

2 Finde durch Überschlagen heraus, welche Ergebnisse falsch sein müssen. Kreuze sie an.

- ◯ 395 · 7 = 2765
- ◯ 587 · 6 = 3822
- ◯ 796 · 9 = 7164
- ◯ 205 · 8 = 1640
- ◯ 911 · 5 = 4555
- ◯ 608 · 4 = 1928
- ◯ 2058 · 7 = 14 406
- ◯ 3108 · 9 = 27 972
- ◯ 4891 · 3 = 16 673

3 Kann die folgende Aufgabe stimmen? Überschlage. Begründe deine Antwort.

Ein Grundschulkind schläft durchschnittlich zehn Stunden pro Nacht. Chiara hat berechnet, dass sie in vier Grundschuljahren ungefähr 18 000 Stunden mit Schlafen verbracht hat.

A: ______________________________

1. Das musst du wissen: Zahlenrätsel

Übertrage bei einem Zahlenrätsel zunächst den Text in Rechenausdrücke.
Diese Begriffe musst du dafür sicher anwenden können:
addieren: dazuzählen. Das Ergebnis einer Addition nennt man **Summe**.
subtrahieren: abziehen. Das Ergebnis einer Subtraktion nennt man **Differenz**.
multiplizieren: malnehmen. Das Ergebnis einer Multiplikation nennt man **Produkt**.
dividieren: teilen. Das Ergebnis einer Division nennt man **Quotient**.

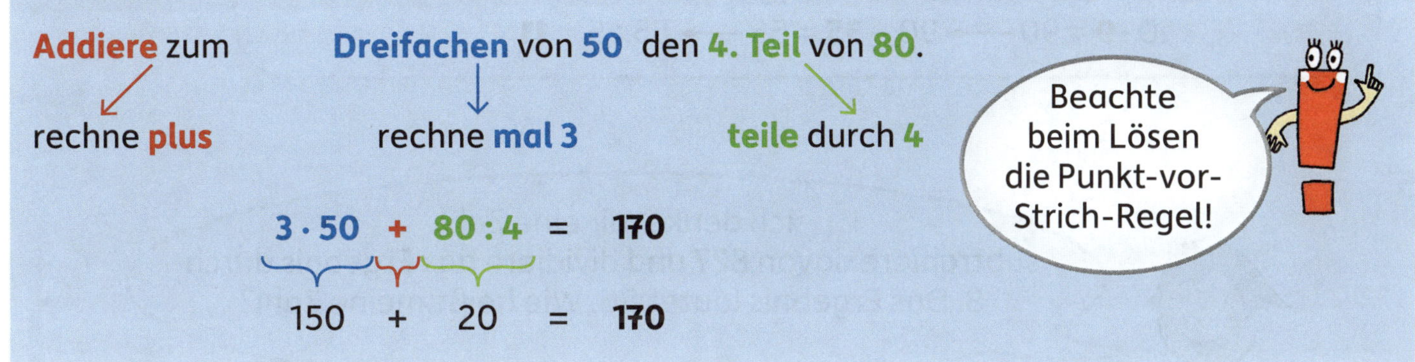

2. Jetzt geht's ans Üben!

1 **Addiere zur Zahl 1008 die Zahl 983.**

______

2 **Subtrahiere vom 8-Fachen der Zahl 17 die Zahl 25.**

______

3 **Multipliziere die Zahl 289 mit der Zahl 4. Subtrahiere das Ergebnis von der Summe der Zahlen 2859 und 2741.**

______

4 **Subtrahiere von der Zahl 22 344 die größte vierstellige Zahl.**

______

Tipp: Löse mit Umkehraufgaben!

Ich denke mir **eine Zahl**, **multipliziere** sie mit **5**, **addiere** dann **35**, **dividiere** das Ergebnis durch **9** und **erhalte** die Zahl **10**.

Wie heißt meine Zahl?

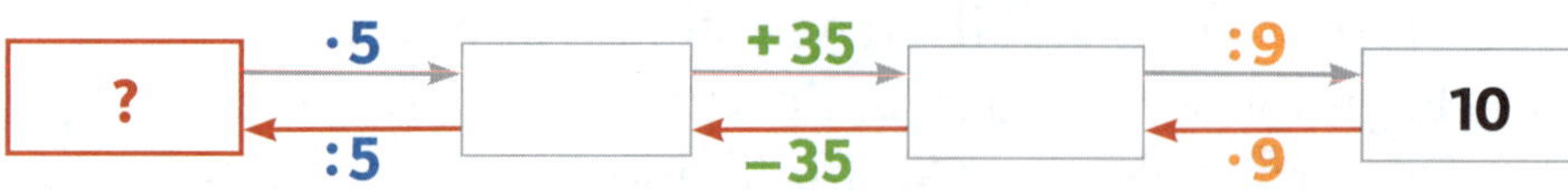

Rechne also rückwärts:

10 · **9** = 90 ⟶ 90 − **35** = 55 ⟶ 55 : **5** = **11**

5

Ich denke mir eine Zahl, subtrahiere davon 827 und dividiere das Ergebnis durch 8. Das Ergebnis lautet 86. Wie heißt meine Zahl?

6

Wenn ich zu meiner Zahl 1027 addiere und das Ergebnis mit 7 multipliziere, erhalte ich die Zahl 7714. Wie heißt meine Zahl?

7

Wenn ich zu meiner Zahl das 8-Fache von 3027 addiere und anschließend die Hälfte von 1520 subtrahiere erhalte ich 77 777.

Platz zum Rechnen für die Aufgaben **5**, **6** und **7**.

3. Bist du fit für den Übertritt?

1 Addiere zum Dreifachen der Zahl 738 die Zahl 427.

Die Zahl heißt ______________.

/2

2 Multipliziere die Summe von 267 und 394 mit der Zahl 8.

Die Zahl heißt ______________.

/2

3 Wenn ich das Fünffache meiner Zahl mit 7 multipliziere, dann erhalte ich als Ergebnis die Summe der Zahlen 681 und 859.

Die Zahl heißt ______________.

/3

4 Ich denke mir eine Zahl. Wenn ich von ihr das Vierfache von 17 695 und den 3. Teil von 20 811 subtrahiere, erhalte ich 33 394.

Die Zahl heißt ______________.

/4

Von 11 Punkten hast du ________ erreicht.

1. Das musst du wissen: Längen

Um mit Längenangaben vergleichen oder mit ihnen rechnen zu können, müssen sie in der **gleichen Maßeinheit** (km, m, cm oder mm) angegeben sein. **Wandle** deshalb Angaben, wenn nötig, entsprechend um. Es gilt: 1 km = 1000 m; 1 m = 100 cm; 1 cm = 10 mm.

87 m + 95 cm

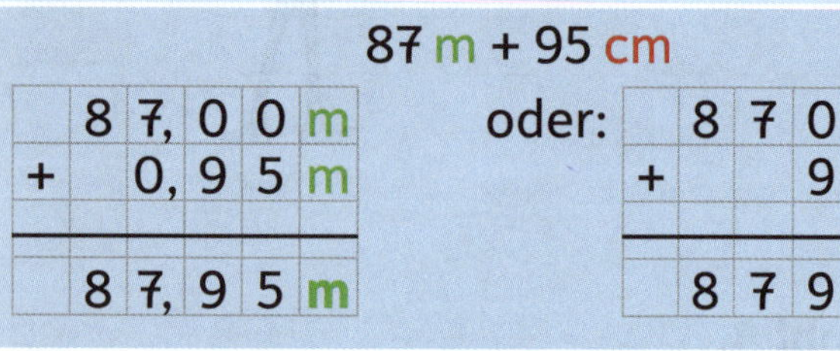

Tipp: Wandle immer alle Angaben in die **kleinste Einheit**, die vorkommt, um. So fällt das Komma beim Rechnen weg!

Beachte die verschiedenen Schreibweisen: gemischte Schreibweise, Kommaschreibweise.

5300 m = 5 km 300 m (gemischte Schreibweise) = 5,300 km (Kommaschreibweise)

Nullen **am Ende** einer Zahl **nach einem Komma** kannst du weglassen: 5,300 km = 5,3 km.

2. Jetzt geht's ans Üben!

1 Rechne um.

400 cm = ______ m	730 cm = ______ m	2800 m = ______ km
80 mm = ______ cm	740 mm = ______ cm	5 m 20 cm = ______ cm
1,2 m = ______ cm	0,65 m = ______ cm	0,030 km = ______ m

2 Male gleiche Längenangaben mit der jeweils gleichen Farbe an.

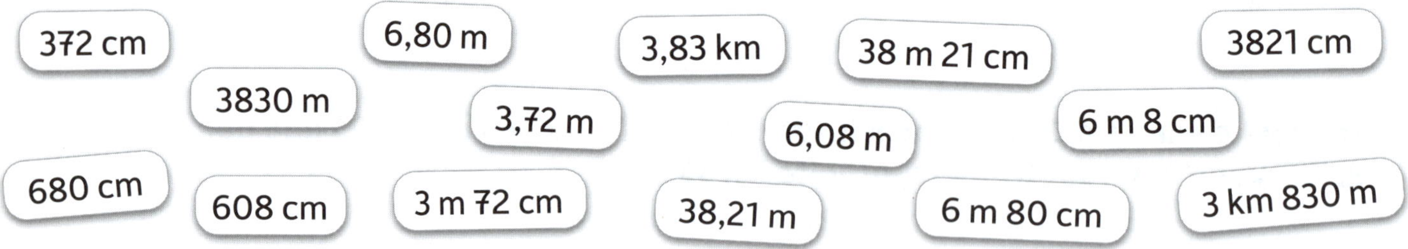

3 Ordne der Größe nach. Beginne mit der kleinsten Längenangabe.

7 m 40 cm | 740 mm | 7,04 m | 704 m | 0,7 km

____

4 Vergleiche: <, > oder =.

0,07 m ◯ 7 cm   4,82 m ◯ 428 cm   300 000 cm ◯ 3 km   88 cm ◯ 8 m 8 cm

5 **Rechne aus.**

2,780 km + 319 m = ____________ m   12 m 15 cm + 2 m 87 cm = ____________ cm

6 **Die Klasse 5a reist von München nach Hamburg. Zwei Busfahrer teilen sich die 791 km lange Strecke. Bis zu einer großen Pause fährt der erste Fahrer 321 km, der zweite 286 km. Wie viel muss jeder noch fahren, wenn jeder die Hälfte der noch verbleibenden Strecke fährt?**

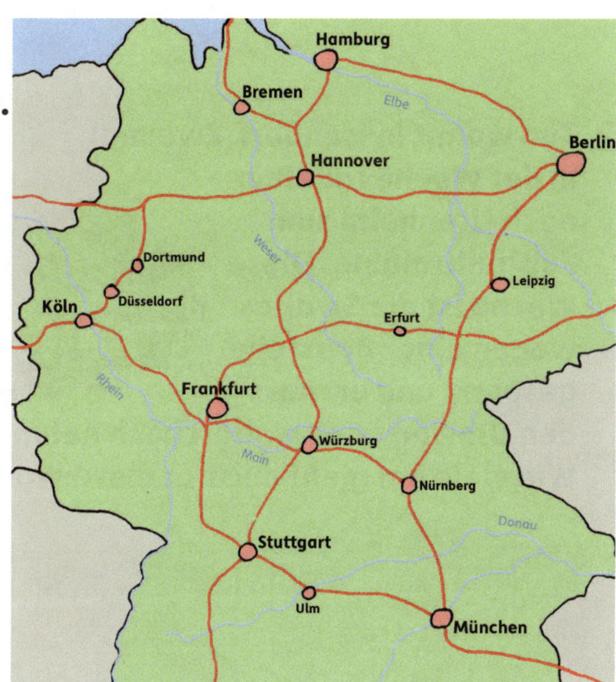

A: ______________________________

7 **Die Schüler der Klasse 4c möchten das Deutsche Sportabzeichen machen. Im Bereich Ausdauer müssen sich die Kinder entscheiden, ob sie 800 m laufen, 200 m schwimmen oder 5 km Rad fahren wollen. 11 Kinder entscheiden sich fürs Laufen, 6 fürs Schwimmen und 7 fürs Radfahren. Welche Strecke legt die Klasse insgesamt zurück?**

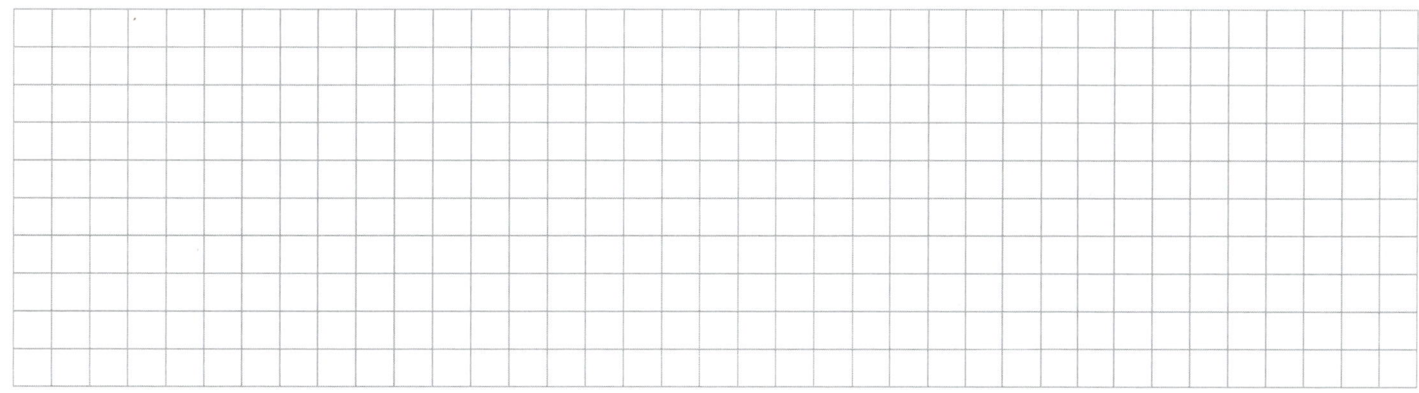

A: ______________________________

3. Bist du fit für den Übertritt?

1 **Setze das richtige Rechenzeichen ein: <, > oder =.**

$$7\text{ km }135\text{ m} + 2{,}4\text{ km} \bigcirc 10\tfrac{1}{2}\text{ km} - 875\text{ m}$$

/3

2 **Tim wohnt in Isendorf. Zweimal in der Woche radelt er nach Utenheim zum Fußballtraining. Diese Woche ist die Straße wegen einer Baustelle gesperrt und er muss den Umweg über Woltersbach nehmen.**
Wie viele km <u>mehr</u> muss er diese Woche fahren? Beachte die Angaben im Bild.

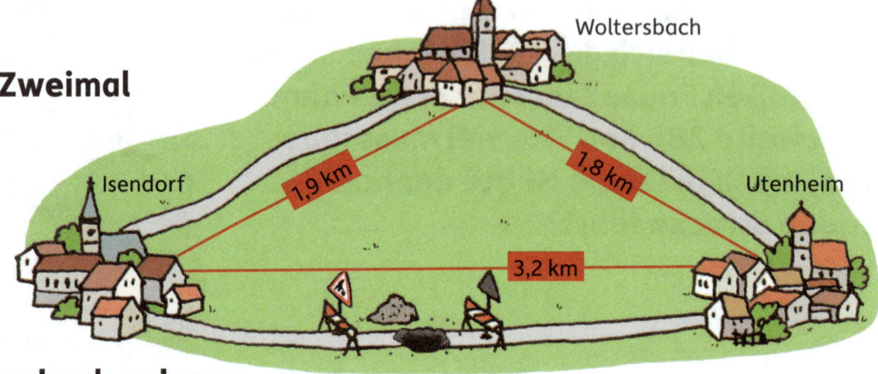

A: ______________________________

/3,5

3 **Katja wohnt im 3. Stockwerk. Vom Hauseingang führen 4 Stufen nach oben ins Erdgeschoss. Zwischen zwei Stockwerken liegen immer 14 Stufen. Die Stufen sind jeweils 18 cm hoch. Berechne in m, wie hoch sich das 3. Stockwerk über dem Hauseingang befindet.**

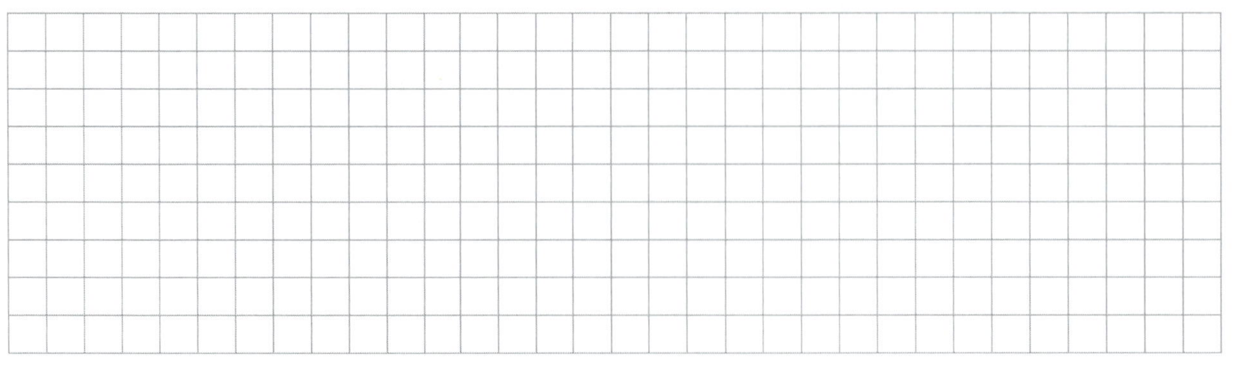

A: ______________________________

/4,5

Von 11 Punkten hast du ______ erreicht.

1. Das musst du wissen: Maßstab

Man benötigt den Maßstab, um etwas kleiner oder größer darzustellen, als es in der Wirklichkeit ist. Die **erste Zahl** des Maßstabs bezieht sich auf die **Zeichnung**, die **zweite Zahl** auf die **Wirklichkeit**. Wenn etwas in seiner natürlichen Größe abgebildet ist, sprechen wir vom Maßstab 1 : 1 (sprich: eins zu eins).

≙ bedeutet „entspricht“

Maßstab	**4 : 1**	**1 : 1**	**1 : 200**
Das bedeutet ...	4 cm in der Zeichnung entsprechen 1 cm in der Wirklichkeit.	1 cm in der Zeichnung entspricht 1 cm in der Wirklichkeit.	1 cm in der Zeichnung entsprechen 200 cm in der Wirklichkeit.
Länge in der **Zeichnung**	**2 cm**	**2 cm**	**2 cm**
Länge in der **Wirklichkeit**	4 cm ≙ 1 cm 2 cm ≙ **0,5 cm**	1 cm ≙ 1 cm 2 cm ≙ **2 cm**	1 cm ≙ 200 cm 2 cm ≙ **400 cm**

2. Jetzt geht's ans Üben!

1 Fülle die Lücken.

Der Maßstab 1 : 1000 bedeutet, dass 1 cm in einer Zeichnung bzw. einer Karte in Wirklichkeit ________ cm, also ________ m oder ________ km entsprechen.

2a Welche Länge hätte diese 9 cm breite gemalte Häuserfront in der Wirklichkeit bei einem Maßstab von ...

1 : 100 ________

1 : 400 ________

1 : 1000 ________

1 : 50 ________

1 : 200 ________

b Welcher Maßstab von 2a passt wohl am besten zur Wirklichkeit? Kreise ihn oben ein.

3 **Die Zeichnung zeigt den Grundriss von Laras Zimmer. Papa erklärt ihr: „Das Zimmer ist im Maßstab 1 : 100 dargestellt.“ Bestimme, wie lang und breit das Zimmer in Wirklichkeit ist. Bestimme auch die Maße des Regals.**

Fenster
Regal
Bett
Schrank
Breite
Fenster
Schreib-tisch
Tür
Länge

Länge (Zimmer): ________ Länge (Regal): ________

Breite (Zimmer): ________ Breite (Regal): ________

4 **Bestimme den Maßstab für eine Karte, für die gilt: 1 cm auf der Karte entspricht 1,5 km in der Wirklichkeit.**

Maßstab: ____________________

5 **Die Entfernung von Stuttgart nach Frankfurt am Main beträgt 210 km. Wie lang müsstest du die Strecke bei folgenden Maßstäben zeichnen?**

1 : 100 000 ________

1 : 500 000 ________

1 : 200 000 ________

6 **Ergänze die Tabelle.**

Maßstab	2 : 1	1 : 100	1 : 50	1 : 100 000	1 : 250
Zeichnung	15 cm		3,5 cm		4 cm
Wirklichkeit		45 m		54 km	

7 **Florian möchte mit seinem Freund Tim eine Radtour unternehmen. Die Strecke ist in der Karte im Maßstab 1 : 50 000 genau 16 cm lang. Tim ist entsetzt: „Was? Ich soll 80 km fahren?“ Hat Tim recht? Überprüfe.**

A: ____________________

3. Bist du fit für den Übertritt?

1 **Die Luftlinie von München nach Hamburg beträgt ungefähr 600 km. Wie lang ist die Strecke auf einer Landkarte mit dem Maßstab 1 : 1 000 000?**

A: ______________________________ /2

2 **Auf einer Karte ist die Strecke von Köln nach Niederkassel, die in Wirklichkeit 15 km beträgt, 6 cm lang.**
Welchen Maßstab hat die Karte?

A: ______________________________ /2

3 **Kati soll eine maßstabsgetreue Zeichnung ihres Klassenzimmers, das 12 m lang und 5 m breit ist, in ihr Heft (29,7 cm / 21 cm) zeichnen.**
Sie wählt dazu den Maßstab 1 : 20.
Ist das Heft groß genug für die Zeichnung?
Rechne.

Kati
Mathe
29,7 cm
21 cm

A: ______________________________ /3

Von 7 Punkten hast du ______ erreicht.

1. Das musst du wissen: Gewichte

Das Gewicht eines Gegenstandes, einer Person oder eines Tiers wird in Tonnen (t), Kilogramm (kg) oder Gramm (g) angegeben. Die Umrechnungszahl bei Gewichten ist immer 1000. Es gilt: 1000 g = 1 kg   1000 kg = 1 t.

Beachte die verschiedenen Schreibweisen: gemischte Schreibweise, Kommaschreibweise.

8420 g = 8 kg 420 g (gemischte Schreibweise) = 8,420 kg (Kommaschreibweise)

Um Gewichtsangaben vergleichen zu können, wandle, wenn nötig, alle Angaben in die **gleiche Maßeinheit** um. Achte bei Addition und Subtraktion mit Kommazahlen auf stellengerechtes Schreiben.

2,5 kg + 800 g

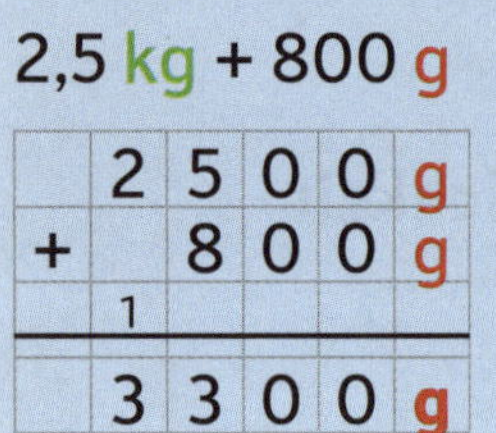

	2	5	0	0	g
+		8	0	0	g
	1				
	3	3	0	0	g

oder:

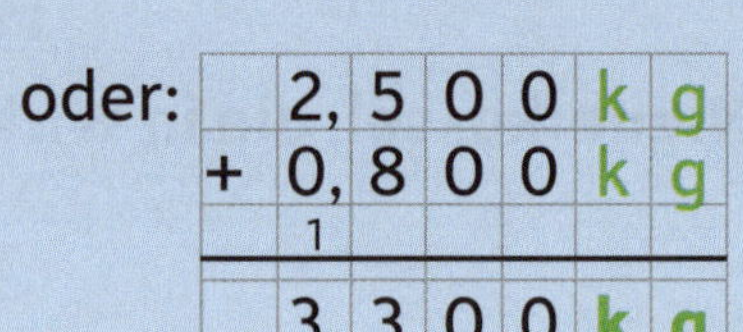

	2,	5	0	0	k	g
+	0,	8	0	0	k	g
	1					
	3,	3	0	0	k	g

= 3,3 kg

Tipp: Rechne immer alle Angaben in die **kleinste Einheit** – hier **g** um. So fällt das Komma beim Rechnen weg!

2. Jetzt geht's ans Üben!

1 Ordne die Gewichte der Reihe nach: Beginne mit dem leichtesten Gewicht.

3 kg 150 g

2 Wandle in die angegebene Größe um.

2100 kg = ______ t

4,8 t = ______ kg

46 000 kg = ______ t

7 kg 40 g = ______ g

7,2 kg = ______ g

2450 g = ______ kg

3,850 kg = ______ g

285 g = ______ kg

3 **Vergleiche: <, > oder =.**

225 kg ◯ 220 t　　4,6 t ◯ 4006 kg　　7200 g ◯ 7 kg 20 g

500 g ◯ 5 kg　　8350 g ◯ 8,035 kg　　28 500 g ◯ 28,5 kg

4 **Wandle in gleiche Einheiten um. Rechne aus. Rechne, wenn nötig, auf einem Extrablatt.**

4600 kg + 2800 kg + 3500 g = ______________________ = __________

240 kg – 390 g = ______________________ = __________

2,8 kg + 325 g + 4300 g = ______________________ = __________

5 **Anna, Lisa, Jule und Kati waren Erdbeeren pflücken. Anna hat 780 g gesammelt, Lisa das Doppelte davon. Jule hat 250 g weniger als Lisa gepflückt und Kati 620 g mehr als Jule.**
Wie viel <u>kg</u> Erdbeeren hat jede gepflückt?

A: ____

6 **In einem Karton sind 12 Marmeladengläser verpackt. Ein leeres Glas wiegt 300 g, die Marmelade wiegt pro Glas 350 g und der Karton wiegt 620 g. Berechne das Gesamtgewicht. Gib das Ergebnis in <u>kg</u> an.**

A: ____

3. Bist du fit für den Übertritt?

1 Wandle in die angegebene Einheit um.

89 kg = ______ g   7 45 kg = ______ g

7 450 g = ______ kg   800 g = ______ kg

/2

2 Setze das richtige Rechenzeichen ein: <, > oder =. Schreibe deine Rechnung auf.

6 300 kg – 480 kg ◯ 4 400 kg + 1 480 kg

500 kg + 327 kg ◯ 1 200 kg – 410 kg

/4

3 Oma Heidi packt ein Geburtstagspäckchen für ihr Enkelkind Lisa. Das Päckchen wiegt 1 005 g. Es enthält ein Buch, das 550 g wiegt, sowie eine Tüte Bonbons, die 260 g wiegt. Wie viel wiegt die Verpackung?

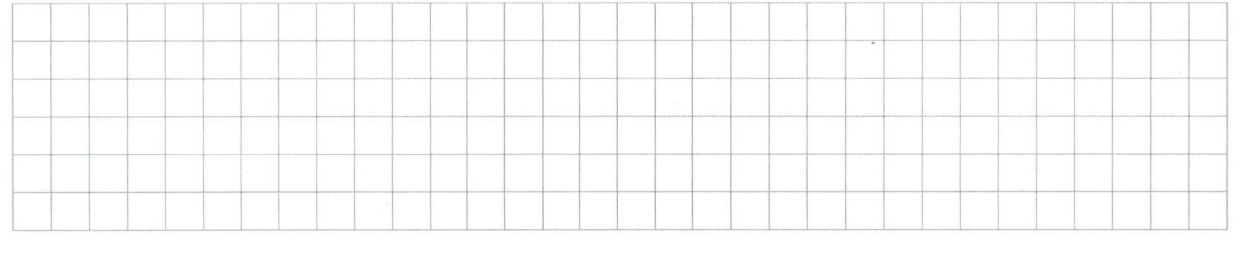

A: ______

/2,5

4 Auch für Leo, ihr 2. Enkelkind, packt Oma ein Päckchen. Ein Päckchen darf insgesamt nicht mehr als 2 kg wiegen. Die Verpackung wiegt 220 g und das gewünschte Spiel 1 190 g. Außerdem wünscht er sich Jonglierbälle. Ein Ball wiegt 125 g. Wie viele Bälle kann Oma höchstens noch ins Päckchen legen?

A: ______

/3,5

Von 12 Punkten hast du ______ erreicht.

99

Fit zum Übertritt

Mathe 4. Klasse

Lösungen

Dieser Lösungsteil ist herausnehmbar!
Klammern in der Mitte des Heftes öffnen!

Zwischenergebnisse sind grün gedruckt, Endergebnisse rot. Für Antwortsätze gibt es bei den Tests in diesem Heft in der Regel jeweils einen halben Punkt.

Zahlenraum bis 1000 000 (S. 2-7)

Übungsteil

1 vierhundertsiebenunddreißigtausendneunhundertzwanzig **437 920**

achthundertviertausendsechshundertneun **804 609**

2 308 523 = **dreihundertachttausendfünfhundertdreiundzwanzig**

721 064 = **siebenhunderteinundzwanzigtausendvierundsechzig**

3 21 387 = 20 000 + 1000 + **300 + 80 + 7**

165 219 = **100 000 + 60 000 + 5000 + 200 + 10 + 9**

837 639 = **800 000 + 30 000 + 7000 + 600 + 30 + 9**

4 500 + 20 000 + 3 + 7000 + 300 000 + 80 = **327 583**

400 000 + 4000 + 8 + 60 000 + 900 = **464 908** (Beachte die Null an der Zehnerstelle!)

5

Zerlegung	HT	ZT	T	H	Z	E	als Zahl
3 HT 1 ZT 9 T 2 H 8 E	**3**	**1**	**9**	**2**	**0**	**8**	**319 208**
5 HT 4 T 9 H 7 Z 3 E	**5**	**0**	**4**	**9**	**7**	**3**	**504 973**
4 HT 1 ZT 9 T 3 H 7 Z 8 E	4	1	9	3	7	8	**419 378**
3 HT 1 ZT 9 T 2 H 8 Z 5 E	**3**	**1**	**9**	**2**	**8**	**5**	319 285
4 HT 5 ZT 7 T 9 Z 3 E	**4**	**5**	**7**	**0**	**9**	**3**	457 093

6

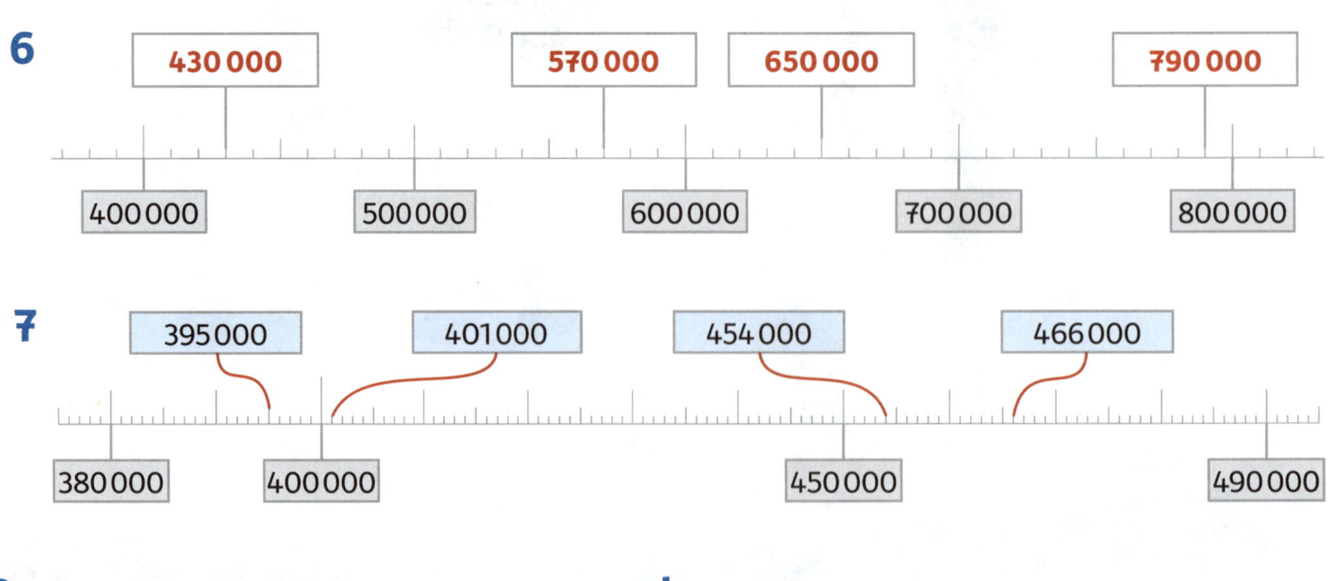

8a **25 234; 34 234; 35 134; 35 224; 35 233** **b** **135 233** **c** **540 233**

9a **97 420** **b** **20 479** (Beachte: Eine Zahl beginnt nie mit 0!)

10 **78 < 739 < 7420 < 72 375 < 73 275 < 723 264 < 732 264 < 1 712 328**

11

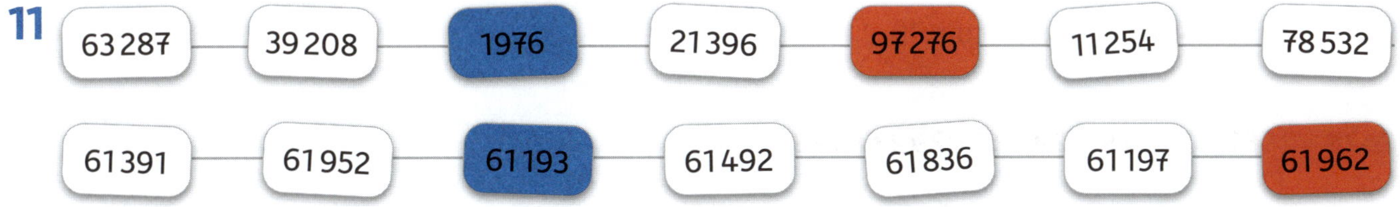

12

13 432 (>) 13 342 | 91 720 (<) 91 721 | 54 603 (>) 5ZT 4T

70 200 (=) 7ZT 2H | 6989 (<) 6990 | 66 287 (<) 66 827

13

82 718	82 719	**82 720**
712 999	713 000	**713 001**
88 289	88 290	**88 291**

14

Nachbar-ZT	Nachbar-T	Zahl	Nachbar-T	Nachbar-ZT
240 000	**247 000**	247 491	**248 000**	**250 000**
60 000	**69 000**	69 315	**70 000**	**70 000**

Beachte: Jede Nachbarzahl wird immer von der ursprünglichen Zahl ausgehend ermittelt. So kann z. B. der Nachbar-T und der Nachbar-ZT auch die gleiche Zahl sein.

15 **9999** (kleinste fünfstellige Zahl = 10 000; 10 000 – 1 = 9999 → größte vierstellige Zahl)

16 3000, 5000, 7000, **9000**, **11 000**, **13 000**

Regel: **Von Zahl zu Zahl werden immer 2000 addiert: immer + 2000.**

48 000, 24 000, 12 000, **6000**, **3000**, **1500**, 750

Regel: **Die Zahlen werden jeweils halbiert: immer : 2.**
Immer die Hälfte der vorangehenden Zahl wird abgezogen.

Test

1

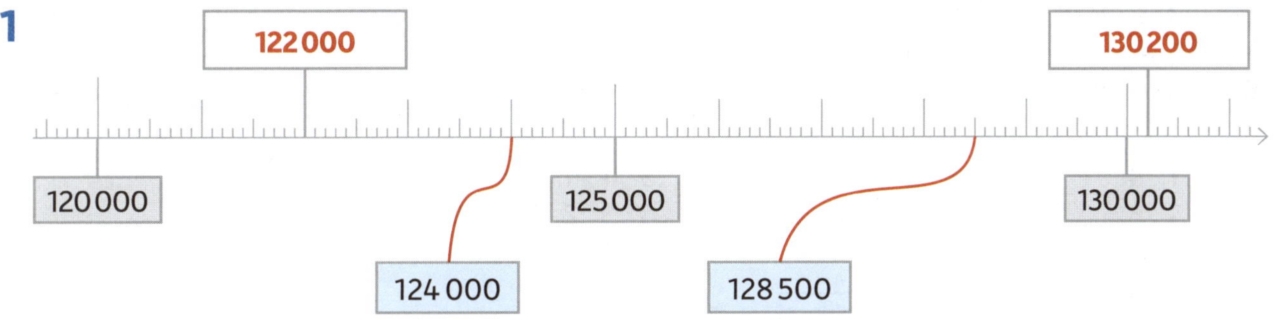

2 Die Zahl heißt **24 798**.
(Eine gerade Zahl muss auf 0, 2, 4, 6 oder **8** enden. Die übrigen Ziffern stehen der Größe nach.)

3a **975 210** **b** **102 579** **c** **901 257**

d **Beispiele: 127 590; 270 519; 719 502; 901 527**

vier passende Zahlen = 1P; ein Fehler = 1/2P; mehr Fehler = 0P

4 Es sind **9** Zahlen. (16, 26, 36, 46, 56, 66, 76, 86, 96)

5 Die Zahl heißt: **4816**. (Streiche die 3!)

6 **2678 < 2687 < 28 429 < 28 529 < 29 237 < 281 345**

7

8267	<	8627	32 914	>	23 914	78 234	<	87 234
30 401	>	3 ZT 4 H	54 827	<	54 828	60 530	=	6 ZT 5 H 3 Z

pro Zeichen = 1/2 P

8 895 – 965 – 1035 – 1105 – 1175 – **1245** – **1315**

Regel: **Von Zahl zu Zahl werden immer 70 addiert: immer + 70.**

7 – 11 – 19 – 31 – 47 – 67 – **91** – **119**

Regel: **Erst + 4, dann + 8, + 12, + 16, + 20 ...**
Der Reihe nach werden die Ergebniszahlen des 4er-Einmaleins addiert.

pro Zahl = 1/2 P; jede Regel = 1 P

9 **10 003** (kleinste Zahl); weitere Beispiele: **10 012; 10 021; 10 030; 10 300; 10 102; 10 120; 11 101; 10 201; 10 210 ... 40 000** (größte Zahl) pro Zahl = 1/2 P

Punkte	22-20,5	20-17,5	17-14	13,5-11	10,5-6,5	6-0
Note	1	2	3	4	5	6

Schriftliche Addition (S. 8-9)

Übungsteil

1

```
    6398      27356      278421      156142
+ 60289    + 23037 8   + 198356    + 599999
     11          11     1 1          11111
  60968 7    257734      476777      756141
```

6398 + 60289 (Übertrag 1 1)	=	**60687**
27356 + 230378 (Übertrag 1 1)	=	**257734**
278421 + 198356 (Übertrag 1 1)	=	**476777**
156142 + 599999 (Übertrag 1 1 1 1 1)	=	**756141**

2

478 + 1218 (Übertrag 1)	=	**1696**
756254 + 21365 + 3754 (Übertrag 1 1 1 1)	=	**781373**
341974 + 352836 + 76826 + 5820 (Übertrag 1 1 3 1 1)	=	**777456**

3

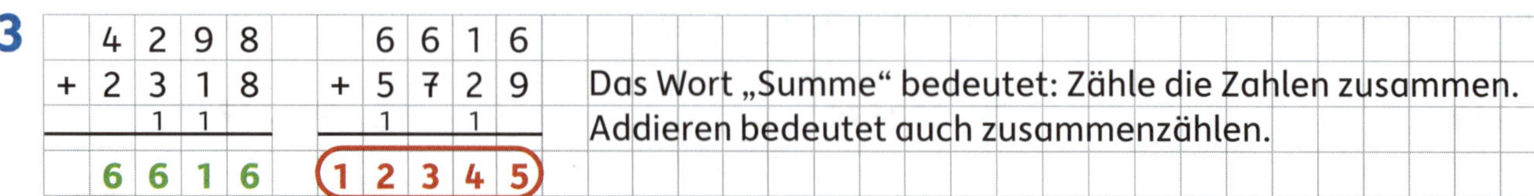

Test

1

	4	8	2	6	6	1
+	4	3	7	2	5	8
	1			1		
	9	**1**	**9**	**9**	**1**	**9**

	1	7	4	8	7	0
+	1	5	8	4	6	3
	1	1	1	1		
	3	**3**	**3**	**3**	**3**	**3**

	4	8	3	6	7
+		**5**	**9**	**5**	**4**
	1	1	1	1	
	5	4	3	2	1

2

	5	6	8	2	3	4
	1	3	4	7	2	9
+		3	4	2	9	8
	1	1	1	1	2	
	7	**3**	**7**	**2**	**6**	**1** 2P

oder:

	5	6	8	2	3	4
+	1	3	4	7	2	9
	1	1		1		
	7	**0**	**2**	**9**	**6**	**3** 1P

	7	0	2	9	6	3
+		3	4	2	9	8
			1	1	1	
	7	**3**	**7**	**2**	**6**	**1** 1P

3

	6	2	1	8	4	2
+	2	8	9	3	6	4
	1	1	1	1		
	9	1	1	2	~~1~~	6

	6	**2**	**1**	**8**	**4**	**2**
+	**2**	**8**	**9**	**3**	**6**	**4**
	1	1	1	1		
	9	**1**	**1**	**2**	**0**	**6**

	2	6	7	0	2	6
+	5	1	9	3	9	5
		1		1	1	
	7	~~7~~	6	4	2	1

	2	**6**	**7**	**0**	**2**	**6**
+	**5**	**1**	**9**	**3**	**9**	**5**
		1		1	1	
	7	**8**	**6**	**4**	**2**	**1**

4

	4	**2**	1	5
+	5	3	6	**9**
			1	
	9	5	8	4

	7	5	2	5
+	8	4	**9**	2
	1	1		
1	6	**0**	1	7

		3	1	**5**	2	**6**
+	**6**	3	7	3	5	
		1		1		
	9	5	2	**6**	1	

pro Ziffer = 1/2 P

5

	2	5	0	0	0	
+	2	5	0	0	0	(= Doppeltes
	1					von 25 000)
	5	**0**	**0**	**0**	**0**	

		2	9	8	8	
+	1	1	4	7	6	(= Summe
		1	1	1		aus 2988
	1	**4**	**4**	**6**	**4**	und 11 476)

	5	0	0	0	0	
+	1	4	4	6	4	(= addiere)
	6	**4**	**4**	**6**	**4**	

Punkte	**17,5-16**	**15,5-14**	**13,5-11**	**10,5-8,5**	**8-5**	**4,5-0**
Note	**1**	**2**	**3**	**4**	**5**	**6**

Schriftliche Subtraktion (S.10-11)

Übungsteil

Da es in den Lehrplänen bei der schriftlichen Subtraktion unterschiedliche Rechenwege (siehe Seite 10) gibt, wird hier auf alle „Gemerktzahlen" oder Zeichen verzichtet. Rechne immer so, wie du es in der Schule gelernt hast.

1

	4	2	4	8
–	1	9	0	3
	2	**3**	**4**	**5**

	9	1	7	2
–	7	2	5	3
	1	**9**	**1**	**9**

	9	6	3	4	9
–	5	3	9	2	5
	4	**2**	**4**	**2**	**4**

	4	7	0	5	4
–	3	5	9	4	3
	1	**1**	**1**	**1**	**1**

	1	2	3	4	5	6
–			7	8	9	0
	1	**1**	**5**	**5**	**6**	**6**

2 **309 576** – 237 629 = 71 947 **318 219** + 475 353 = 793 572

	7	1	9	4	7
+	2	3	7	6	2	9
	1		1		1	
	3	**0**	**9**	**5**	**7**	**6**

	7	9	3	5	7	2
–	4	7	5	3	5	3
	3	**1**	**8**	**2**	**1**	**9**

Test

1 Einfacher Rechenweg in 2 Schritten:

	468234	333505
−	134729	34206
	333505 1P	**299299** 1P

2

	63560	**63560**	42643	**42643**
−	18321	**18321**	15237	**15237**
	4 5 2 ~~4~~ ~~0~~	**45239**	2 7 4 ~~1~~ 6	**27406**

3

	6 **9** 2 **9** 4	**7** 2 1 **9** 4	8 **3** 1 5 2 6
−	4 1 2 6 **2**	6 **0** 3 7 8	5 6 3 7 3 **5**
	2 8 **0** 3 2	1 1 **8** 1 6	**2** 6 7 **7** 9 1

pro Ziffer = 1/2 P

4 F: **Wie viele** Kinder sind **im neuen Schuljahr** an der Schule? 1P

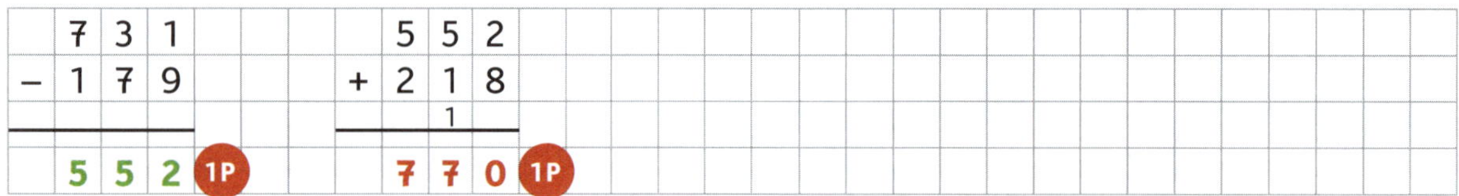

	731		552
−	179	+	218
			1
	552 1P		**770** 1P

A: **770 Kinder** sind jetzt an der Schule. 1/2 P

Punkte	15,5-14	13,5-11,5	11-9,5	9-7,5	7-4	3,5-0
Note	1	2	3	4	5	6

Schriftliche Multiplikation (S. 12-14)

Übungsteil

1

7 · 9 = **63**	8 · 7 = **56**	90 · 8 = **720**
400 · 8 = **3200**	200 · 80 = **16 000**	70 · 50 = **3500**
900 · 30 = **27 000**	800 · 60 = **48 000**	600 · 70 = **42 000**

2

37924 · 3	9652 · 2	2891 · 60	6802 · 80
113772	**19304**	**173460**	**544160**

3 das Doppelte von 35: 2 · 35 = 70

776 · 70

54320

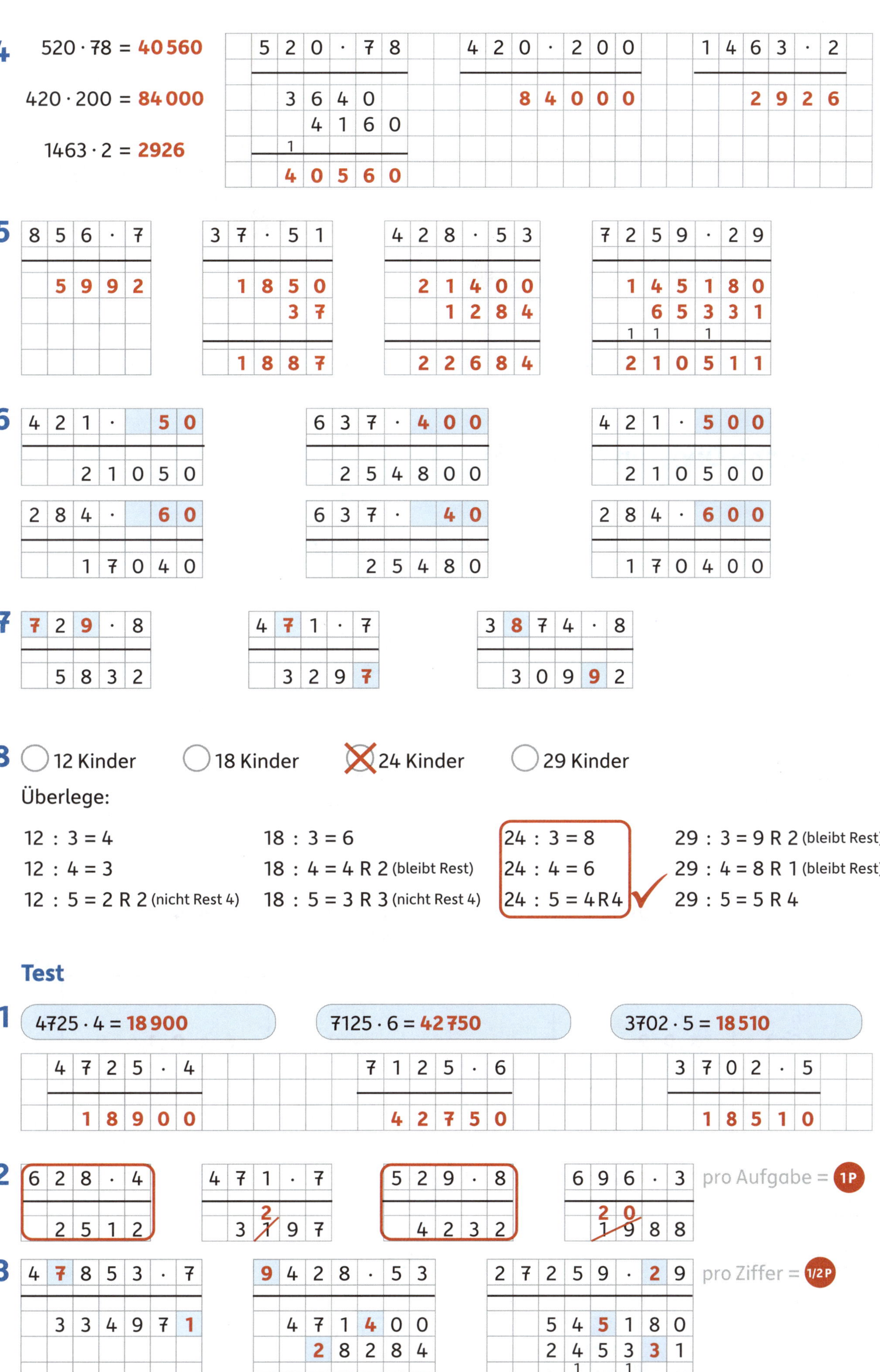

4 520 · 78 = **40 560**

420 · 200 = **84 000**

1463 · 2 = **2926**

520 · 78: 3640 + 4160 (Übertrag 1) = **40560**
420 · 200 = **84000**
1463 · 2 = **2926**

5
856 · 7 = **5992**
37 · 51: **1850** + **37** = **1887**
428 · 53: **21400** + **1284** = **22684**
7259 · 29: **145180** + **65331** (Überträge 1 1 1) = **210511**

6
421 · **50** = 21050
637 · **400** = 254800
421 · **500** = 210500
284 · **60** = 17040
637 · **40** = 25480
284 · **600** = 170400

7
72**9** · 8 = 5832
4**7**1 · 7 = 329**7**
3**8**74 · 8 = 309**9**2

8 ◯ 12 Kinder ◯ 18 Kinder ☒ 24 Kinder ◯ 29 Kinder

Überlege:

12 : 3 = 4	18 : 3 = 6	24 : 3 = 8	29 : 3 = 9 R 2 (bleibt Rest)
12 : 4 = 3	18 : 4 = 4 R 2 (bleibt Rest)	24 : 4 = 6	29 : 4 = 8 R 1 (bleibt Rest)
12 : 5 = 2 R 2 (nicht Rest 4)	18 : 5 = 3 R 3 (nicht Rest 4)	24 : 5 = 4 R 4 ✓	29 : 5 = 5 R 4

Test

1 4725 · 4 = **18 900** 7125 · 6 = **42 750** 3702 · 5 = **18 510**

4725 · 4 = **18900**
7125 · 6 = **42750**
3702 · 5 = **18510**

2
628 · 4 = 2512
471 · 7 = 3197 (korrigiert: 3**2**97)
529 · 8 = 4232
696 · 3 = 1988 (korrigiert: **20**88)

pro Aufgabe = 1P

3
4**7**853 · 7 = 33497**1**
9428 · 53: 471**4**00 + **2**8284 = 499684
27259 · **2**9: 54**5**180 + 2453**3**1 (Überträge 1 1) = 7**9**0511

pro Ziffer = 1/2 P

4

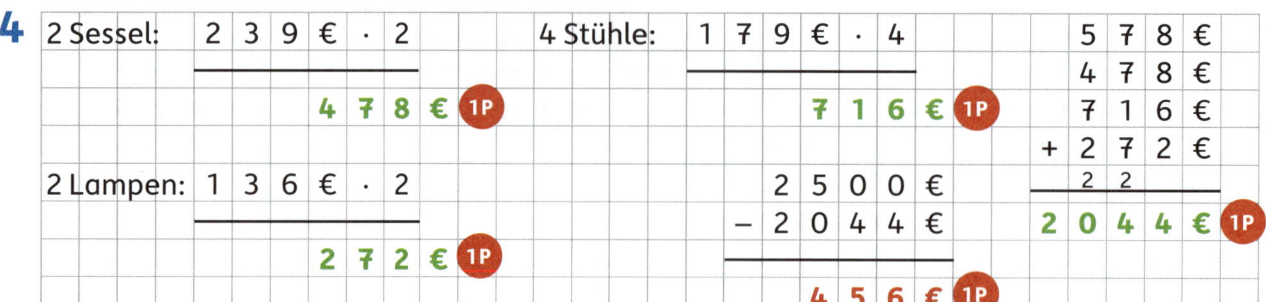
2 Sessel: 239 € · 2 = **478 €** (1P)

2 Lampen: 136 € · 2 = **272 €** (1P)

4 Stühle: 179 € · 4 = **716 €** (1P)

578 € + 478 € + 716 € + 272 € = **2044 €** (1P)

2500 € − 2044 € = **456 €** (1P)

A: Familie Gruber bleiben noch **456 €** übrig. (1/2 P)

Punkte	17-15,5	15-13,5	13-11	10,5-8,5	8-5	4,5-0
Note	1	2	3	4	5	6

Schriftliche Division (S. 15-17)

Übungsteil

1

3600 : 600 = **6** 49 000 : 700 = **70** 56 000 : 80 = **700**

2100 : 30 = **70** 27 000 : 9000 = **3** 3000 : 5 = **600**

2

1568 : 7 = **224**
− 14
 16
− 14
 28
− 28
 0

17 814 : 6 = **2969**
− 12
 58
− 54
 41
− 36
 54
− 54
 0

3

2163 : 7 = **309**
− 21
 06
− 0
 63
− 63
 0

Probe: **309** · 7 = 2163

67 208 : 8 = **8401**
− 64
 32
− 32
 00
− 0
 08
− 8
 0

Probe: **8401** · 8 = 67 208

4

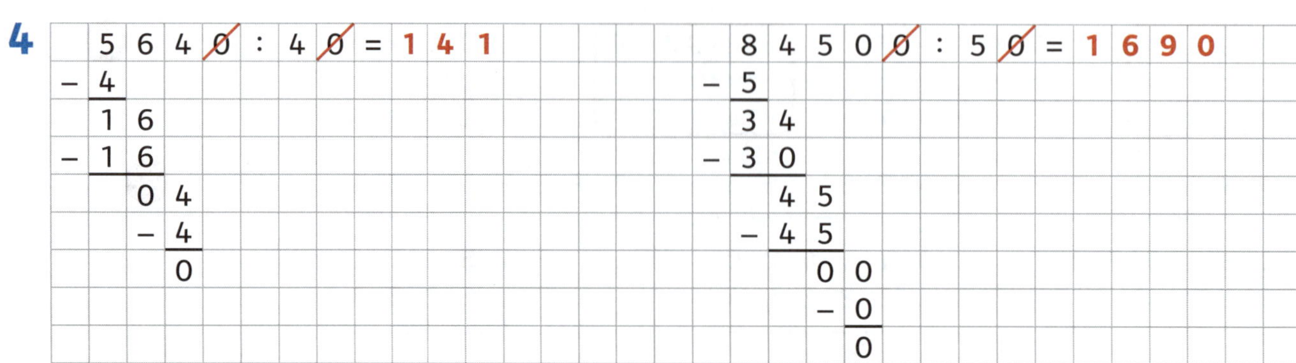
5640 : 40 = **141** (5640 : 40 mit gestrichenen Nullen)
− 4
 16
− 16
 04
− 4
 0

84 500 : 50 = **1690** (84500 : 50 mit gestrichenen Nullen)
− 5
 34
− 30
 45
− 45
 00
− 0
 0

Lösungen

5

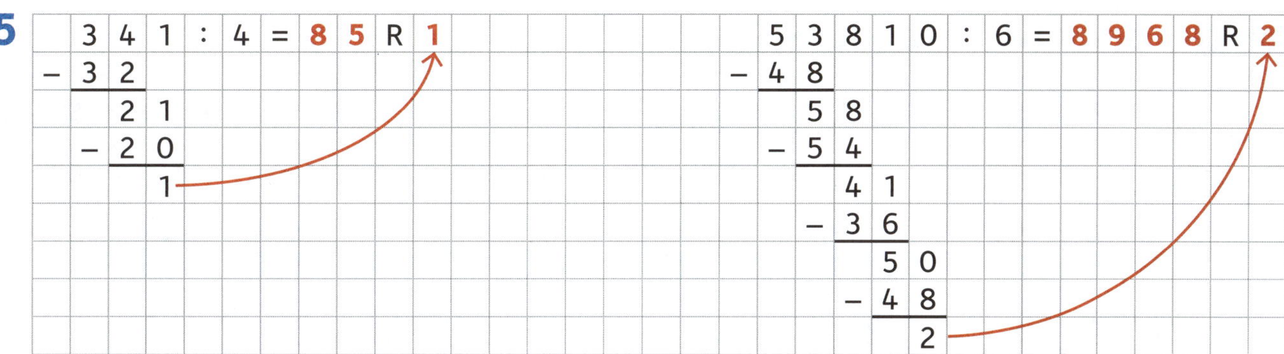

Test

1

12294 : 6 = 2049
− 12
02
− 0
29
− 24
54
− 54
0

67736 : 8 = 8467
− 64
37
− 32
53
− 48
56
− 56
0

pro Ziffer = 1/2 P

2a Durch 5 sind alle Zahlen teilbar, die auf **5** oder **0** enden.

jede richtig angemalte oder nicht angemalte Aufgabe = 1/2 P

8412 : 5 | **7925 : 5** | 4318 : 5 | **61 500 : 5**

b

8412 : 5 = **1682 R 2**
− 5
34
− 30
41
− 40
12
− 10
2

4318 : 5 = **863 R 3**
− 40
31
− 30
18
− 15
3

3

336 : 7 = **48** 1P (1 Woche = 7 Tage)
− 28
56
− 56
0

Rechnung = 1P

A: Luis muss **durchschnittlich 48 Seiten pro Tag** lesen. 1/2 P

Punkte	11-10	9,5-8	7,5-6,5	6-5	4,5-3	2,5-0
Note	1	2	3	4	5	6

Punkt-vor-Strich-Regel (S. 18)

1

3 · 8 − 7 = **17**	72 : 8 + 25 = **34**	48 : 4 + 40 = **52**
86 − 6 · 9 = **32**	42 + 56 : 7 = **50**	91 − 45 : 5 = **82**
8 · 9 + 12 = **84**	94 − 9 · 7 = **31**	81 : 9 + 46 = **55**

2

32 : 4 + 9 · 3 + 7 · 6 =
8 + 27 + 42 = 77

48 : 6 + 9 · 8 − 17 =
8 + 72 − 17 = 63

3

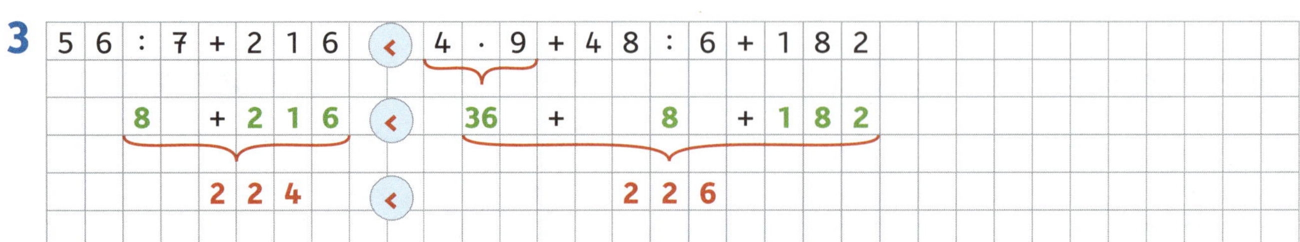

56 : 7 + 216 < 4 · 9 + 48 : 6 + 182
8 + 216 < 36 + 8 + 182
224 < 226

4

8 · 3 + 4 · 5 = 44
24 + 20

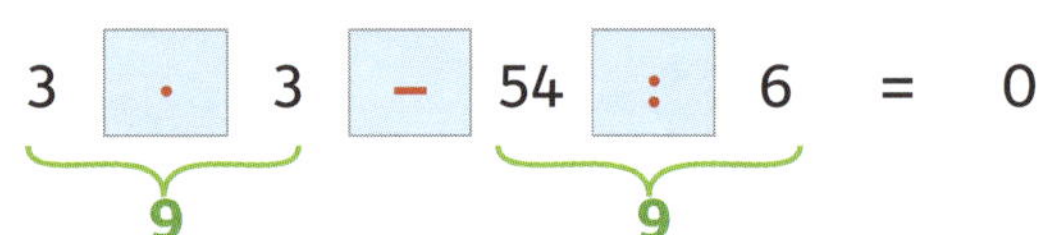

3 · 3 − 54 : 6 = 0
9 − 9

Runden (S. 19)

1

2612 (T) ≈ **3000**	276 (Z) ≈ **280**
16 349 (H) ≈ **16 300**	13 269 (H) ≈ **13 300**
629 831 (ZT) ≈ **630 000**	629 831 (T) ≈ **630 000**

2

218 492 ≈ **220 000** | 71 738 ≈ **70 000** | 281 528 ≈ **280 000** | 38 249 ≈ **40 000** | 75 472 ≈ **80 000**

40 000 < **70 000** < **80 000** < **220 000** < **280 000**

3 ◯ 66 319 ☒ 67 428 ☒ 66 821 ◯ 67 586

Nur bei den angekreuzten Zahlen ergibt sich auf T gerundet die Zahl 67 000.

Überschlagen (S. 20)

1

100 bis 300 | 400 bis 700 | 800 bis 1000

5 · 192 ≈	18 · 7 ≈	9 · 24 ≈	42 · 23 ≈	96 · 5 ≈	49 · 17 ≈
5 · 200 = 1000	**20 · 7 = 140**	**9 · 20 = 180** **10 · 20 = 200**	**40 · 20 = 800**	**100 · 5 = 500**	**50 · 20 = 1000**

Du kannst auch eine andere Überschlagsrechnung rechnen.

2

○ 395 · 7 = 2765	○ 205 · 8 = 1640	○ 2058 · 7 = 14 406
☒ 587 · 6 = 3822	○ 911 · 5 = 4555	○ 3108 · 9 = 27 972
○ 796 · 9 = 7164	☒ 608 · 4 = 1928	☒ 4891 · 3 = 16 673

3 Ein Jahr hat 365 (oder 366) Tage (Nächte).
4 · 365 Tage ≈ 4 · 400 Tage = **1600 Tage**
1600 · 10 h = **16 000 h** Da aufgerundet wurde, müssen es etwas weniger als 16 000 h sein.
A: **Nein**, Chiara hat sich verrechnet: 18 000 h sind zu viel.

Genau gerechnet sind es: 4 · 365 · 10 h + 10 h (ein Schaltjahr) = 14 610 h.

Zahlenrätsel (S. 21-23)

Übungsteil

1
```
  1 0 0 8
+   9 8 3
      1
  -------
  1 9 9 1
```

2
```
8 · 1 7        1 3 6
    8        −   2 5
  5 6        -------
-------          1 1 1
  1 3 6
```

3
```
2 8 9 · 4        2 8 5 9        5 6 0 0
  1 1 5 6      + 2 7 4 1      − 1 1 5 6
                 1 1 1        ---------
               ---------        4 4 4 4
                 5 6 0 0
```

4 größte 4-stellige Zahl = **9999**
```
  2 2 3 4 4
−   9 9 9 9
-----------
  1 2 3 4 5
```

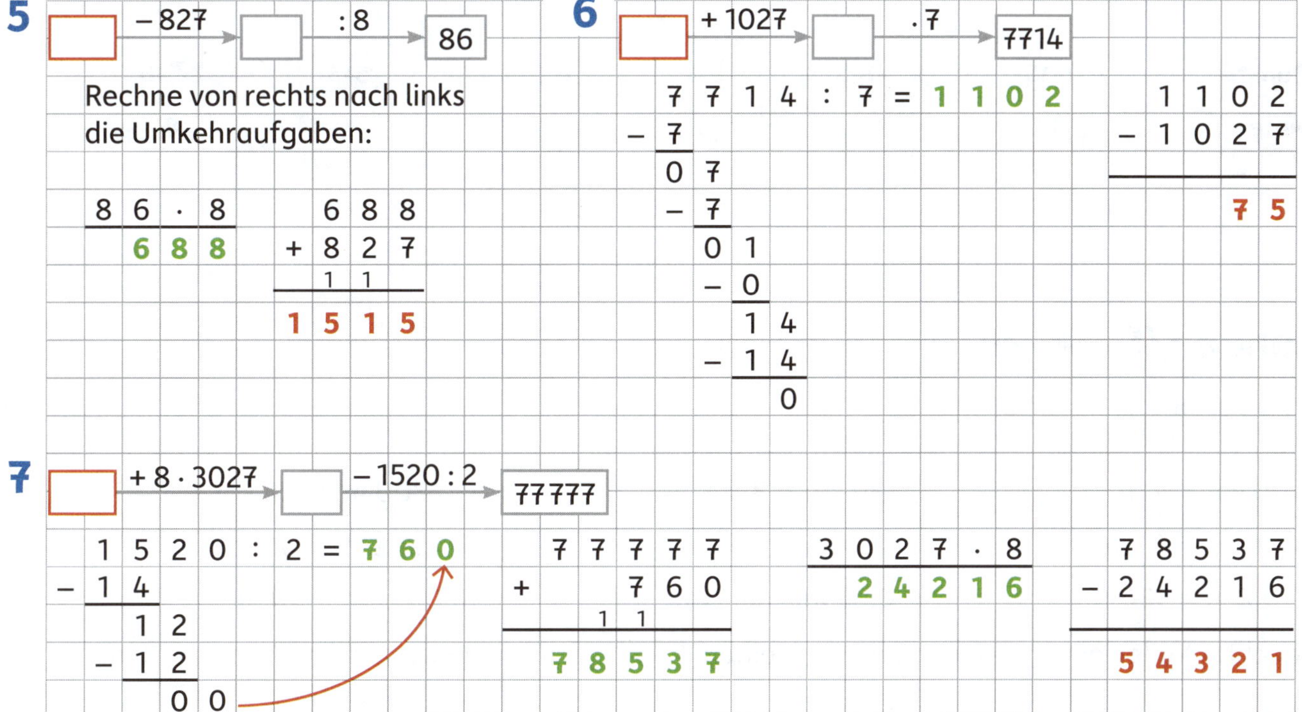

Test

jeweils richtige Rechnung, aber falsches Ergebnis = 1/2 P

1 3 · 738 + 427 = ☐

738 · 3 = **2214** 1P

2214 + 427 = **2641** 1P

2 (267 + 394) · 8 = ☐

267 + 394 = **661** 1P

661 · 8 = **5288** 1P

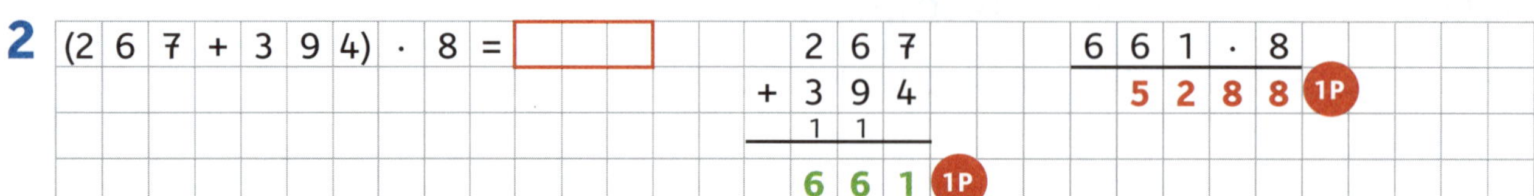

3 5 · ☐ · 7 = 681 + 859

681 + 859 = **1540** 1P

1540 : 7 = **220** 1P
− 14
14
− 14
00

220 : 5 = **44** 1P
− 20
20
− 20
0

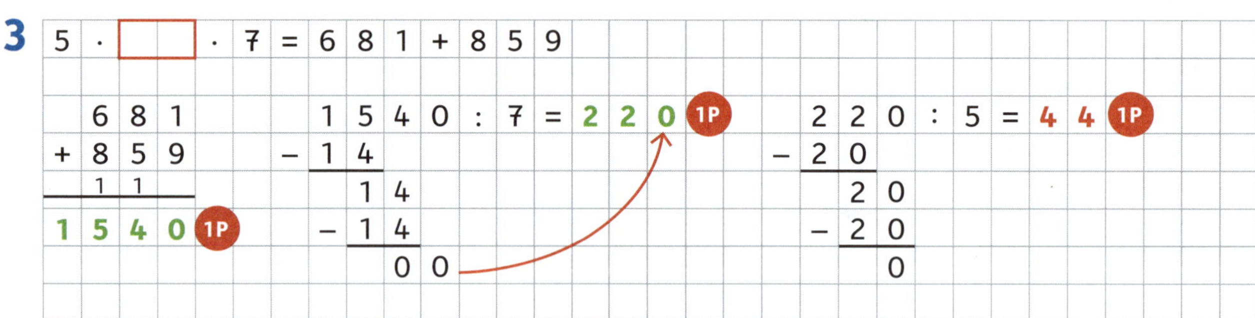

4 ☐ —4 · 17695→ ☐ —20811 : 3→ 33394

20811 : 3 = **6937** 1P
− 18
28
− 27
11
− 9
21
− 21
0

33394 + 6937 = **40331** 1P

17695 · 4 = **70780** 1P

40331 + 70780 = **111111** 1P

Punkte	11-10	9,5-8,5	8-7	6,5-5,5	5-3	2,5-0
Note	1	2	3	4	5	6

Längen (S. 24-26)

Übungsteil

1 400 cm = **4** m | 730 cm = **7,3** m | 2800 m = **2,8** km

80 mm = **8** cm | 740 mm = **74** cm | 5 m 20 cm = **520** cm

1,2 m = **120** cm | 0,65 m = **65** cm | 0,030 km = **30** m

Beachte: Nullen am Ende einer Zahl nach einem Komma kannst du weglassen: 7,3 m = 7,30 m.

2

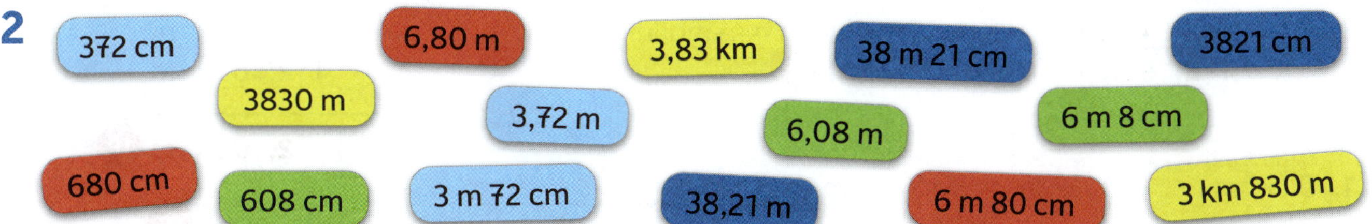

3 **740 mm < 7,04 m < 7 m 40 cm < 0,7 km < 704 m**

4 0,07 m (=) 7 cm 4, 82 m (>) 428 cm 300 000 cm (=) 3 km 88 cm (<) 8 m 8 cm

5 2,780 km + 319 m = **3099** m 12 m 15 cm + 2 m 87 cm = **1502** cm

	2	7	8	0	m
+		3	1	9	m
	1				
	3	**0**	**9**	**9**	**m**

	1	2	1	5	c	m
+		2	8	7	c	m
		1	1			
	1	**5**	**0**	**2**	**c**	**m**

6

	3	2	1	k	m				7	9	1	k	m	
+	2	8	6	k	m			–	6	0	7	k	m	
	1													
	6	**0**	**7**	**k**	**m**				**1**	**8**	**4**	**k**	**m**	
	1	8	4	k	m	:	2	=	**9**	**2**	**k**	**m**		
–	1	8												
		0	4											
		–	4											
			0											

A: Jeder Busfahrer muss noch **92 km** fahren.

7

1	1	·	8	0	0	m	(laufen)				6	·	2	0	0	m	(schwimmen)						7	·	5	0	0	0	m	(Rad		
		8	**8**	**0**	**0**	**m**						**1**	**2**	**0**	**0**	**m**								**3**	**5**	**0**	**0**	**0**	**m**	fahren)		
		8	8	0	0	m																										
		1	2	0	0	m																										
+	3	5	0	0	0	m																										
	1	1																														
	4	**5**	**0**	**0**	**0**	**m**	**=**	**4**	**5**	**k**	**m**																					

A: Insgesamt legt die Klasse eine Strecke von **45 km** zurück.

Test

1 7 km 135 m + 2,4 km (<) $10\frac{1}{2}$ km – 875 m

Rechne in m um:				7	1	3	5	m					1	0	5	0	0	m			
			+	2	4	0	0	m				–			8	7	5	m			
										1P											
				9	**5**	**3**	**5**	**m**	1P	(<)				**9**	**6**	**2**	**5**	**m**	1P		

2

3,2 km · 4 (2-mal Hin- und Rückweg = 4-mal die Strecke)
12,8 km (= direkter Weg) 1P

1,9 km + 1,8 km = 3,7 km

3,7 km · 4
14,8 km (= Umwegstrecke) 1P

14,8 km
− 12,8 km
2,0 km 1P

Du kannst auch alle Angaben in m umwandeln:
3,2 km = 3200 m; 1,9 km = 1900 m; 1,8 km = 1800 m. Rechne dann mit diesen Zahlen.

A: Tim muss diese Woche **2 km (2000 m) mehr** Fahrrad fahren. 1/2 P

3

14 · 3
42 1P

42
+ 4
46 1P

46 · 18 cm
460
368
828 cm 1P

828 cm = **8,28 m** 1P

A: Das 3. Stockwerk befindet sich **8,28 m** über dem Hauseingang. 1/2 P

Punkte	11-10	9,5-8	7,5-6,5	6-5	4,5-2,5	2-0
Note	1	2	3	4	5	6

Maßstab (S. 27-29)

Übungsteil

1 Der Maßstab 1 : 1000 bedeutet, dass 1 cm in einer Zeichnung bzw. einer Karte in Wirklichkeit **1000** cm, also **10** m oder **0,010** km (oder: **0,01** km) entsprechen.

2a

1 : 400
3600 cm
= 36 m

1 : 1000
9000 cm
= 90 m

1 : 50
450 cm
= 4,5 m

1 : 200
1800 cm
= 18 m

1 cm ≙ 100 cm
9 cm ≙ 9 · 100 cm,
also 900 cm

b Der Maßstab 1 : 400 passt wohl am besten zur Wirklichkeit. So ist zum Beispiel das erste Haus ungefähr 4,40 m breit. Das passt zu einem Reihenhaus.

3 Länge (Zimmer): **4 m** Länge (Regal): **90 cm** 1 cm ≙ 1 m; 1 mm ≙ 10 cm
Breite (Zimmer): **3,5 m** Breite (Regal): **20 cm**

4 1 cm ≙ 1,5 km

1,5 km = 1500 m = 150 000 cm

→ Maßstab: **1 : 150 000**

5 Hier ist es sinnvoll zu überlegen, wie vielen Kilometern ein Zentimeter auf der Karte entspricht.

100 000 cm / 1000 m / 1 km ≙ 1 cm
210 km ≙ 210 cm : 1
≙ **210 cm** → 210 km in der Wirklichkeit entsprechen **210 cm auf der Karte**.

5 km ≙ 1 cm
210 km ≙ 210 cm : 5
≙ **42 cm** → 210 km in der Wirklichkeit entsprechen **42 cm auf der Karte**.

2 km ≙ 1 cm
210 km ≙ 210 cm : 2
≙ **105 cm** → 210 km in der Wirklichkeit entsprechen **105 cm auf der Karte**.

6

Maßstab	2 : 1	1 : 100	1 : 50	1 : 100 000	1 : 250
Zeichnung	15 cm	**0,45 m**	3,5 cm	**0,54 m (54 cm)**	4 cm
Wirklichkeit	**7,5 cm**	45 m	**175 cm**	54 km	**10 m (1000 cm)**

7

1 : 50 000
1 cm ≙ 50 000 cm
16 cm ≙ 16 · 50 000 cm
= 800 000 cm = 8000 m = **8 km**

A: **Nein**, Tim hat nicht recht. Die Strecke ist nur **8 km** lang.

Test

Bei Maßstabsaufgaben gibt es viele Darstellungsformen und Rechenwege. Einer wird jeweils aufgezeigt. Lass dir beim Verbessern helfen. Jede Rechnung = 1P (bei 3 2P), jede Antwort = 1P.

1

10 000 000 cm (in der Wirklichkeit) ≙ 1 cm (auf der Karte)
10 km (in der Wirklichkeit) ≙ 1 cm (auf der Karte)
600 km (in der Wirklichkeit) ≙ (600 : 10) cm = **60 cm**

A: Die Strecke ist auf der Landkarte **60 cm** lang.

2

6 cm ≙ 15 km
1 cm ≙ 15 km : 6
Maßstab: **1 : 250 000**

15 000 m : 6 = 2500 m
−12
30
−30
000
= **250 000 cm**

A: Die Karte hat den Maßstab **1 : 250 000**.

3

12 m = 1200 cm → 1200 cm : 20 = **60 cm**
5 m = 500 cm → 500 cm : 20 = **25 cm**
60 cm > 29,7 cm ; 25 cm > 21 cm

Auch wenn du das Heft aufklappst und du so eine Doppelseite zur Verfügung hast, also statt 21 cm nun 42 cm, ist das Heft nicht groß genug, denn 25 cm ist zwar kleiner als 29,7 cm, aber 60 cm ist immer noch größer als 42 cm.

A: Das Heft ist **nicht groß genug**. Kati muss einen anderen Maßstab wählen.

Punkte	7	6-5	4	3	2	1-0
Note	1	2	3	4	5	6

Gewichte (S. 30-32)

Übungsteil

1 **3 kg 51 g** = 3051 g < **3,105 kg** = 3105 g < **3 kg 150 g** = 3150 g < **3501 g** = 3501 g < **3,51 kg** = 3510 g

2
2100 kg = **2,1** t — 7,2 kg = **7200** g
4,8 t = **4800** kg — 2450 g = **2,450** kg (= **2,45 kg** → Die Null am Ende einer Zahl nach einem Komma kannst du weglassen.)
46 000 kg = **46** t — 3,850 kg = **3850** g
7 kg 40 g = **7040** g — 285 g = **0,285** kg

3
225 kg **<** 220 t — 4,6 t **>** 4006 kg — 7200 g **>** 7 kg 20 g
500 g **<** 5 kg — 8350 g **>** 8,035 kg — 28 500 g **=** 28,5 kg

4
4600 kg + 2800 kg + 3500 g = 4600 kg + 2800 kg + 3,5 kg = **7403,5 kg**
240 kg – 390 g = 240 000 g – 390 g = **239 610 g**
2,8 kg + 325 g + 4300 g = 2800g + 325 g + 4300 g = **7425 g**

5
Anna: **780 g** = **0,78 kg**
Lisa: 2 · 780 g = **1560 g** = **1,56 kg**
Jule: 1560 g – 250 g = **1310 g** = **1,31 kg**
Kati: 1310 g + 620 g = **1930 g** = **1,93 kg**

A: Anna hat **0,78 kg**, Lisa **1,56 kg**, Jule **1,31 kg** und Kati **1,93 kg** gepflückt.

6

	3	0	0	g
+	3	5	0	g
	6	**5**	**0**	**g**

6	5	0	g	·	1	2		
				6	5	0	0	g
				1	3	0	0	g
				7	**8**	**0**	**0**	**g**

	7	8	0	0	g
+		6	2	0	g
	1				
	8	**4**	**2**	**0**	**g** = **8,42 kg**

A: Das Gesamtgewicht beträgt **8,42 kg**.

Test

1
89 kg = **89 000** g — 745 kg = **745 000** g
7450 g = **7,45** kg — 800 g = **0,8** kg

2
6300 kg – 480 kg **<** 4400 kg + 1480 kg **1P**
500 kg + 327 kg **>** 1200 kg – 410 kg **1P**

	6	3	0	0	kg
–		4	8	0	kg
	5	**8**	**2**	**0**	**kg** 1/2 P

	4	4	0	0	kg
+	1	4	8	0	kg
	5	**8**	**8**	**0**	**kg** 1/2 P

	5	0	0	kg
+	3	2	7	kg
	8	**2**	**7**	**kg** 1/2 P

	1	2	0	0	kg
–		4	1	0	kg
		7	**9**	**0**	**kg** 1/2 P

3

	5	5	0	g					1	0	0	5	g
+	2	6	0	g				–		8	1	0	g
	1												
	8	1	0	g	(Inhalt) 1P					1	9	5	g (Verpackung) 1P

A: Die Verpackung wiegt **195 g.** 1/2 P

4

		2	2	0	g		2 kg = 2000 g	1 Ball → 125 g
+	1	1	9	0	g			2 Bälle → 250 g
		1					2000 g	3 Bälle → 375 g
	1	4	1	0	g	1P	– 1410 g	**4 Bälle → 500 g** 1P
								5 Bälle → 625 g → **zu viel**
							590 g 1P	

A: Oma kann höchstens noch **4 Bälle** dazulegen. 1/2 P

Punkte	12-10,5	10-8,5	8-6,5	6	5,5-2,5	2-0
Note	1	2	3	4	5	6

Hohlmaße (S. 33-35)

Übungsteil

1 **28 ml** < $\frac{1}{4}$ **l** (= 250 ml) < **285 ml** < $\frac{1}{2}$ **l** (= 500 ml) < **28 l**

2

250 ml = **0,25** oder $\frac{1}{4}$ l	$\frac{1}{8}$ l = **125** ml
0,7 l = **700** ml	2 l 350 ml = **2350** ml
500 ml = **0,5** oder $\frac{1}{2}$ l	70 ml = **0,07** l
$\frac{3}{4}$ l = **750** ml	1 l 450 ml = **1450** ml

3

2389 ml + **2611 ml** = 5 l	50 ml + **4950 ml** = 5 l
4 l 725 ml + **275 ml** = 5 l	$1\frac{3}{4}$ l + **$3\frac{1}{4}$ l** oder **3,25 l** = 5 l

4

2250 ml > 2 l 25 ml	380 ml < 3 l 800 ml	19 l 900ml > 9 l 910 ml
500 ml = $\frac{1}{2}$ l	$\frac{3}{4}$ l < 760 ml	1 l 400 ml > $\frac{1}{4}$ l

5

3 l 675 ml + 500 ml = 3675 ml + 500 ml = **4 l 175** ml

128 l + 3 l 250 ml + 400 ml = 128 000 ml + 3250 ml + 400 ml = **131 l 650** ml

$\frac{1}{8}$ l + 25 ml + 620 ml = 125 ml + 25 ml + 620 ml = **770** ml

6

0,	7	5	l	=	7	5	0	ml				7	5	0	ml	·	1	2				9	0	0	0	ml	=	9	l			
															7	5	0	0	ml													
															1	5	0	0	ml													
															1																	
															9	**0**	**0**	**0**	**ml**													

A: Insgesamt sind es **9 Liter**.

7

$\frac{1}{4}$	l	=	**2**	**5**	**0**	**m**	**l**			2	5	0	ml	
										4	0	0	ml	Beachte: **je** 200 ml.
										2	0	0	ml	Das bedeutet:
										2	0	0	ml	200 ml zum Mittagessen
									+	2	6	0	ml	+ 200 ml zum Abendessen
										1				
									1	**3**	**1**	**0**	**ml**	**1, 3 1 0 l < 1, 5 l**

A: Tim schafft die Empfehlung **nicht** ganz.

Test

1 Das Dreifache von $\frac{1}{4}$ l = **750** ml Das Doppelte von $\frac{3}{4}$ l = **1500** ml

Das Fünffache von $\frac{1}{2}$ l = **2500** ml Die Hälfte von $\frac{1}{4}$ l = **125** ml

2

220 ml + 275 ml (<) 0,8 l – 300 ml
= 495 ml **= 500 ml**

$\frac{3}{4}$ l + 1 $\frac{1}{2}$ l (>) 1 l + 1 l 200 ml
= 2 $\frac{1}{4}$ l oder **2250 ml** **= 2200 ml**

1 l 400 ml + 2 l 40 ml (<) 3800 ml
= 3440 ml

$\frac{3}{4}$ l + 350 ml (=) 1,8 l – 700 ml
= 1100 ml **= 1100 ml**

3 jede richtig angekreuzte oder nicht angekreuzte Antwort = 1/2 P

- [x] 4 Achtelliter ergeben genau einen halben Liter.
- [ ] 3 Viertelliter sind mehr als 800 ml.
- [ ] 3 Achtelliter plus 3 Viertelliter ergeben genau einen Liter.
- [x] 8 Viertelliter sind genau 2 Liter.

4 Hier sind verschiedene Rechenwege möglich.

2 · 6 0 l = 1 2 0 l (pro Tag / Eltern) 1P

7 · 1 2 0 l = **8 4 0 l** (pro Woche / Eltern)

3 · 6 0 l = 1 8 0 l (pro Woche / ein Kind)

(pro Woche / drei Kinder) 1P

3 · 1 8 0 l = **5 4 0 l**

	8	4	0	l
+	5	4	0	l
	1	**3**	**8**	**0 l**

1P

A: Familie Koch verbraucht **1380 l** Wasser pro Woche zum Duschen. 1/2 P

Punkte	**13,5-11**	**10,5-9,5**	**9-7,5**	**7-6,5**	**6-3,5**	**3-0**
Note	**1**	**2**	**3**	**4**	**5**	**6**

Geld (S. 36-38)

Übungsteil

1 365 ct = **3,65** € 0,58 € = **58** ct 3027 ct = **30,27** €

8,12 € = **812** ct 13,05 € = **1305** ct 18 € = **1800** ct

2 490 ct (>) 4, 09 € 91,38 € (=) 9 138 ct 110ct (>) 1 € 1 ct

3 142,72 € + **57,28** € = 200 €

84,17 € + **115,83** € = 200 €

112 € 26 ct + **87** € **74** ct = 200 €

5927 ct + **14 073** ct = 200 €

4 81,68 € + 132,45 € = **214,13 €**

8 1 6 8 ct
+ 1 3 2 4 5 ct
1 1 1
2 1 4 1 3 ct = **2 1 4, 1 3 €**

79,37 € – 24 € 76 ct = **54,61 €**

7 9 3 7 ct
– 2 4 7 6 ct
5 4 6 1 ct = **5 4, 6 1 €**

5 921,75 € · 7 = **6452,25 €**

9 2 1 7 5 ct · 7
6 4 5 2 2 5 ct
= **6 4 5 2, 2 5 €**

619,44 € : 4 = **154,86 €**

6 1 9 4 4 ct : 4 = **1 5 4 8 6 ct**
– 4 = **1 5 4, 8 6 €**
2 1
– 2 0
1 9
– 1 6
3 4
– 3 2
2 4
– 2 4
0

6 0, 4 2 € = 4 2 ct

4 2 ct · 7
2 9 4 ct

2 9 4 ct
3 2 9 ct
2 6 9 ct
+ 2 6 9 ct
2 3
1 1 6 1 ct

2 0 0 0 ct
– 1 1 6 1 ct
8 3 9 ct = **8, 3 9 €**

A: Sie bekommt **8,39 €** zurück.

7 8 9 ct · 1 2
8 9 0 ct
1 7 8 ct
1 0 6 8 ct (12 Einzelstifte)

1 0 6 8 ct
– 8 9 9 ct
1 6 9 ct = **1, 6 9 €**

A: Julius spart **1,69 €**, wenn er die Packung kauft.

Test

1 681,94 € + 4 287 ct = **724,81 €**

	6	8	1	9	4	ct
+		4	2	8	7	ct
	1		1	1		
	7	**2**	**4**	**8**	**1**	**ct** = **7 2 4, 8 1 €**

6,90 € – 3 € 9 ct = **3,81 €**

	6	9	0	ct
–	3	0	9	ct (Beachte die Null!)
	3	**8**	**1**	**ct** = **3, 8 1 €**

2 8 3 3 ct : 7 = **1 1 9 ct** 1P

```
  8 3 3 ct : 7 = 1 1 9 ct
– 7
  1 3
–   7
    6 3
–   6 3
      0
```

5 3 5 ct : 5 = **1 0 7 ct** 1P

```
  5 3 5 ct : 5 = 1 0 7 ct
– 5
  0 3
– 0
    3 5
–   3 5
      0
```

Rechnung für Elli
Mehl 1,19 €
Zucker 1,07 €
Summe **2,26 €** 1P

3 3 1 · 8 0 ct = **2 4 8 0 ct** 1P

```
  3 6 4 0 ct : 7 0 ct = 5 2 (Brötchen)
– 3 5
    1 4
  – 1 4
      0
```

(Bei „3 6 4 0 ct : 7 0 ct“ sind die Nullen durchgestrichen.) **5 2** (Brötchen) 1P

```
  2 4 8 0 ct
+ 3 6 4 0 ct
  1 1
  6 1 2 0 ct
```

6 1 2 0 ct 1P

```
  1 0 1 2 0 ct
–     6 1 2 0 ct
      4 0 0 0 ct = 4 0 €
```

4 0 0 0 ct 1P = 4 0 €

4 0 € : 2 € = **2 0** (Croissants) 1P

A: Es wurden **52 Brötchen** und **20 Schokocroissants** verkauft. 1/2 P

Punkte	10,5-9,5	9-7,5	7-6,5	6-5	4,5-2,5	2-0
Note	**1**	**2**	**3**	**4**	**5**	**6**

Zeit (S. 39-41)

Übungsteil

1 12 min = 12 · 60 s = **720 s**

8 min 21 s = 8 · 60 s + 21 s = **501 s**

$3\frac{1}{4}$ h = 3 · 60 min + 15 min = **195 min**

5 Tage = 5 · 24 h = **120 h**

2 150 h (>) 6 Tage
= 6 · 24 h
= **144 h**

7 min (<) 450 s
= 7 · 60 s
= **420 s**

3 h (<) 190 min
= 3 · 60 min
= **180 min**

2 h (=) 7200 s
= 2 · 60 min
= 120 min
= 120 · 60 s
= **7200 s**

3

	richtig	falsch
100 Minuten sind weniger als eineinhalb Stunden.		X
Zwei Dreiviertelstunden sind 90 Minuten.	X	
Zweieinhalb Stunden sind mehr als 160 Minuten.		X
Acht Viertelstunden sind so lang wie zwei ganze Stunden.	X	

4

Abfahrt	Ankunft	Fahrzeit
6:12	7:19	6:12 —+ 1 h→ 7:12 —+ 7 min→ 7:19 → **1 h 7 min**
6:34	7:39	6:34 —+ 1 h→ 7:34 —+ 5 min→ 7:39 → **1 h 5 min**
6:48	7:27	6:48 —+ 12 min→ 7:00 —+ 27 min→ 7:27 → **39 min**
7:06	8:44	7:06 —+ 54 min→ 8:00 —+ 44 min→ 8:44 → **98 min = 1 h 38 min**

5 ☐ —8 h 35 min→ 17:42 Uhr; 17:42 Uhr —– 8 h→ **9:42 Uhr**

9:42 Uhr —– 35 min→ **9:07 Uhr**

A: Familie Gruber ist um **9:07 Uhr** losgefahren.

6 16:02 Uhr —– 2 min→ 16:00 Uhr —– 52 min→ **15:08 Uhr**

A: Der Zug hätte um **15:08 Uhr** ankommen sollen.

7 12:50 Uhr —+ 17 min→ **13:07 Uhr** —+ 25 min→ **13:32 Uhr**

—+ 80 min→ **14:52 Uhr**

A: Tobi ist um **14:52 Uhr** fertig.

Test

1 13 min 37 s = **817** s

13 · 60 s = 780 s

780 s + 37 s = **817 s**

1140 min = **19** h

1140 min : 60 min/h = **19 h**

114 : 6 = 19
– 6
54
– 54
0

2

Abfahrt	7:46 Uhr	10:29 Uhr	**10:41 Uhr**
Ankunft	**11:14 Uhr**	15:18 Uhr	12:58 Uhr
Fahrzeit	3 h 28 min	**4 h 49 min**	2 h 17 min

3a 14:10 Uhr —+ 4 · 3 min 45 s→ 14:25 —+ 6 min→ **14:31 Uhr** (1P)

4 · 3 min = 12 min
4 · 45 s = 180 s = 3 min
} **15 min** (1P)

14:15 Uhr —+ 6 · 3 min 20 s→ **14:35 Uhr** (1P)

6 · 3 min = 18 min
6 · 20 s = 120 s = 2 min
} **20 min** (1P)

A: Simon kommt um **14:31** Uhr an, Tim um **14:35** Uhr. (1/2 P)

b A: Simon muss **4 min** auf Tim warten. (1P)

Punkte	10,5-9,5	9-7,5	7-6,5	6-5	4,5-2,5	2-0
Note	1	2	3	4	5	6

Tabellen/Diagramme (S. 42-45)

Übungsteil

1a Der nächste Bus hält um **14:26 Uhr**.

b Tobi muss an der **6. Haltestelle** aussteigen.

c 14:26 Uhr $\xrightarrow{+\,24\text{ min}}$ 14:50 Uhr. Die Fahrt dauert **24 min**.

d Tobi wäre um **13:15 Uhr** angekommen.

2a

	(zu Fuß)	(Roller)	(Fahrrad)	(Auto)	(Bus)
Anzahl	8	3	**5**	5	**4**

Insgesamt sind es 25 Schüler; 25 – 8 – 3 – 5 – 5 = 4 → **4** Kinder fahren mit dem Bus.

b A: **Fahrrad** und **Auto** kommen gleich häufig vor.

3a Der Monat mit den durchschnittlich meisten Sonnenstunden: **Juni**

b Durchschnittliche Sonnenstunden für einen Tag im April: **5 h**

c Durchschnittliche Sonnenstunden im gesamten Monat März: 31 (Tage) · 4 h = **124 h**

4a

Floh
Reh
Eichhörnchen
Heuschrecke
Wildschwein
Waldmaus
Hase
Fuchs

1 2 3 4 5 6 7 Sprungweite in m

b

	richtig	falsch
Das Eichhörnchen springt so weit wie der Hase.		X
Die Waldmaus springt weniger weit als der Floh.		X
Von allen genannten Tieren springt das Reh am weitesten.	X	
Das Wildschwein springt doppelt so weit wie die Heuschrecke.	X	

Test

1a A: **28** Kinder (5 + 7 + 8 + 3 + 5 = **28**; Lies von der Länge der Balken die Anzahl der Kinder ab!)

b Das beliebteste Hobby war, sich mit **Freunden** zu treffen. (= längster Balken)

2

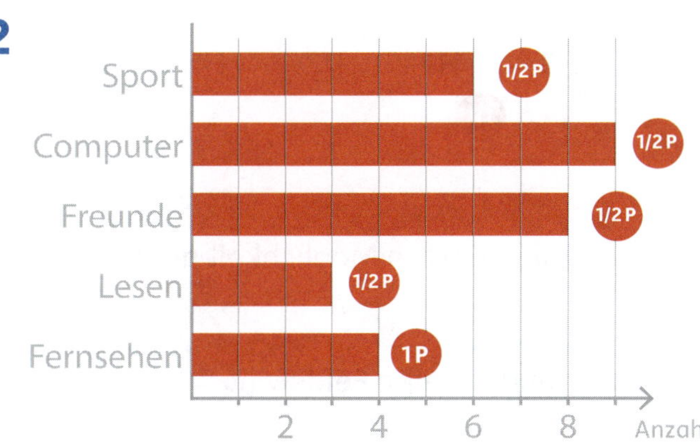

28 + 2 = 30 (Schüler)

30 – 6 – 9 – 8 – 3 = **4**

4 Stimmen gab es für „**Fernsehen**".

3a Abfahrtszeit: **13:48 Uhr**

b 13:48 Uhr $\xrightarrow{+\,25\text{ min}}$ 14:13 Uhr → **25 min**

c Abfahrtszeit: **14:10 Uhr**

d 14:33 $\xrightarrow{+\,10\text{ min}}$ 14:43 Uhr (Ankunft im Kino)
14:43 $\xrightarrow{+\,17\text{ min}}$ 15:00 → Er muss **17 min** warten.

Punkte	9-8	7	6	5-4	3-2	1-0
Note	1	2	3	4	5	6

Kombinatorik und Wahrscheinlichkeit (S.46-48)

Übungsteil

1 Platz 1: S N R H

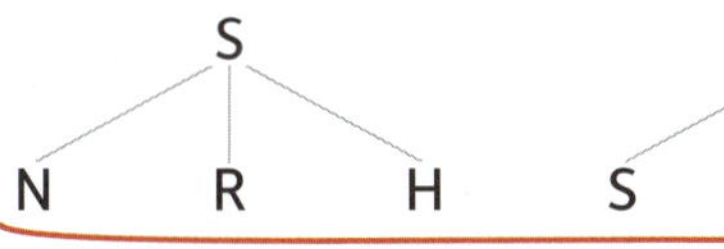

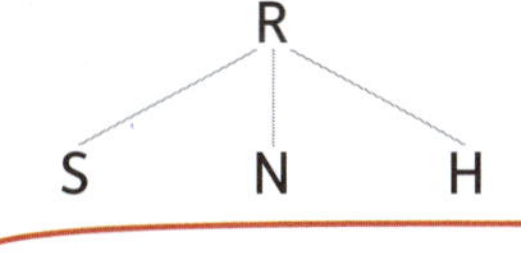

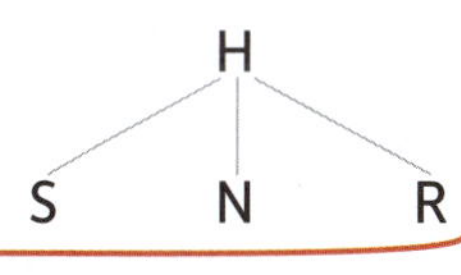

Platz 2: N R H S R H S N H S N R

12 Möglichkeiten

A: Er hat **12 Möglichkeiten** für die ersten beiden Plätze.

2a Die Gewinnchance für Blau ist größer als für Rot oder Grün. **1; 3**

b Die Gewinnchance für Rot und Grün ist gleich groß. **1; 4**

c Die Gewinnchance für Grün ist am größten. **2**

d Die Gewinnchance für Rot ist am geringsten. **2; 3**

e Alle Farben haben die gleiche Chance zu gewinnen. **4**

3a (1) Hier gibt es am meisten lila Kugeln; andersfarbige Kugeln gibt es nur wenige. (Bei Säckchen (2), (3) und (5) sind es jeweils insgesamt mehr andersfarbige Kugeln als lila Kugeln.)

b (6) Hier gibt es **nur** blaue oder orange Kugeln. Du gewinnst also in jedem Fall.

c (4) Hier gibt es mehr grüne als andersfarbige Kugeln.

d (2) und (6) Bei diesen beiden Säckchen sind gleich viele Kugeln von jeder Farbe enthalten.

Test

1

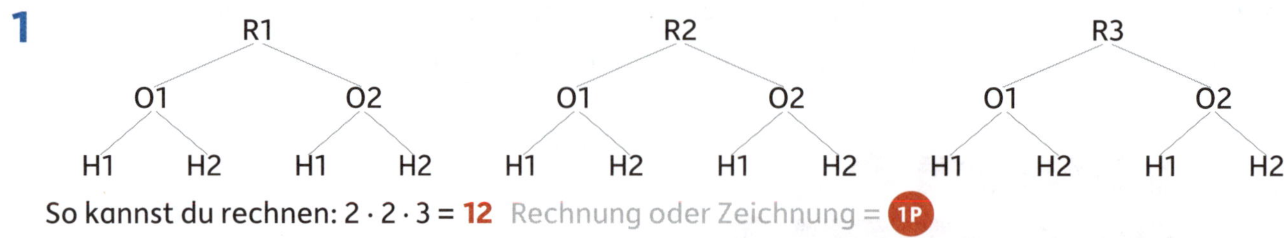

So kannst du rechnen: 2 · 2 · 3 = **12** Rechnung oder Zeichnung = 1P

A: Es gibt insgesamt **12 Kombinationen.** 1P

2 Du musst **mindestens 4 Kugeln** ziehen. (Du musst von der ungünstigsten Möglichkeit ausgehen: 1. rot, 2. rot, 3. rot, 4. grün)

3 Die Felderverteilung muss gleich sein, also 4 blaue und 4 weiße Felder.

4 (2) 1P Bei dieser Regel gewinnen 4 Felder. Das sind mehr als bei jeder anderen Karte. 1P

Punkte	6	5	4	3	2-1	0
Note	1	2	3	4	5	6

Geometrisches Zeichnen (S. 49-51)

Übungsteil

1

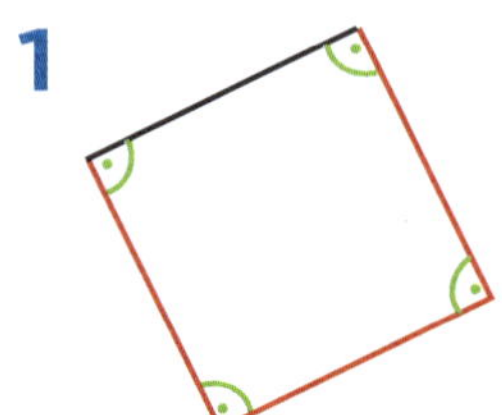

2

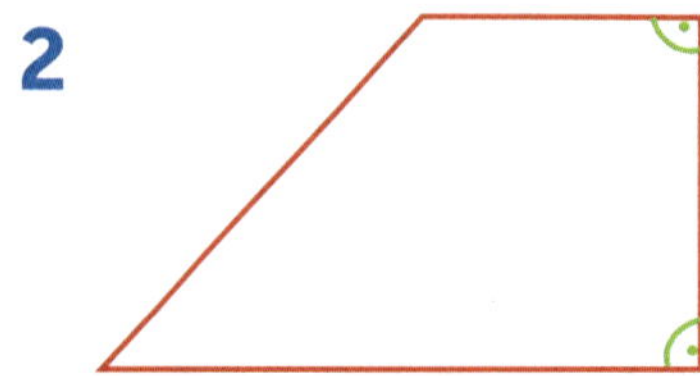

Deine Figur kann auch anders aussehen. Achte auf die zwei rechten Winkel und prüfe, ob die beiden anderen Winkel nicht 90 Grad haben.

3

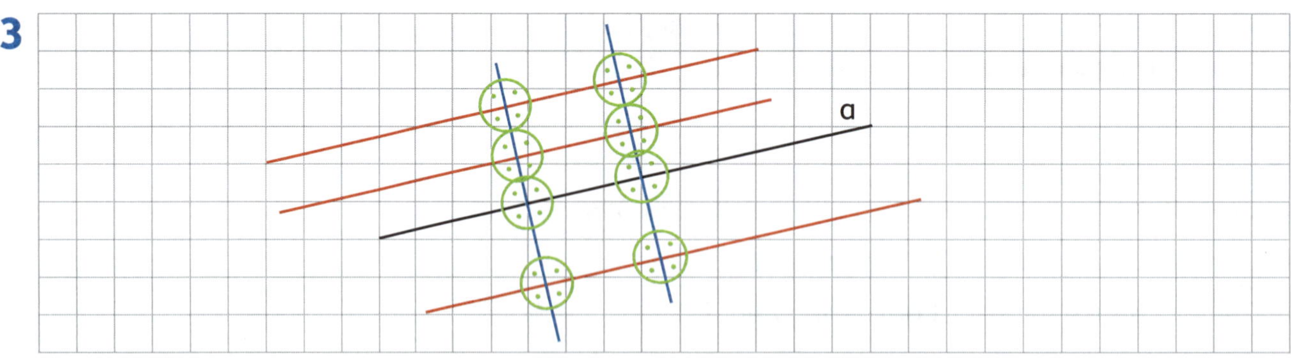

4

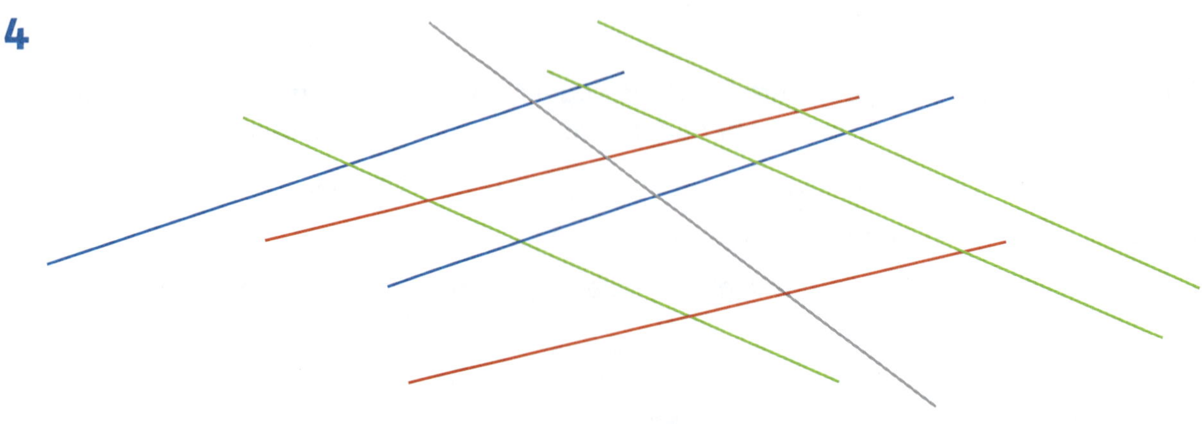

5 **Radius (r)** = **16** mm (= 1,6 cm)

Durchmesser (d) = **32** mm (= 3,2 cm)

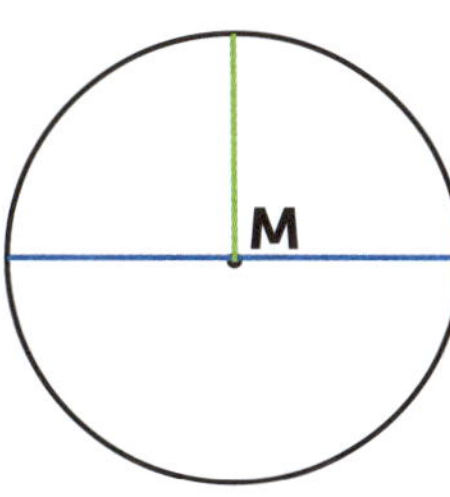

6

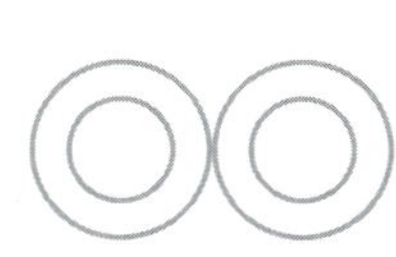

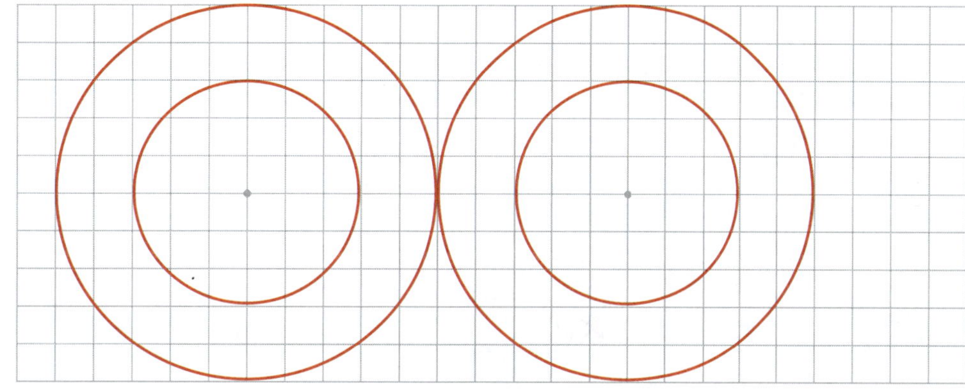

Test

1

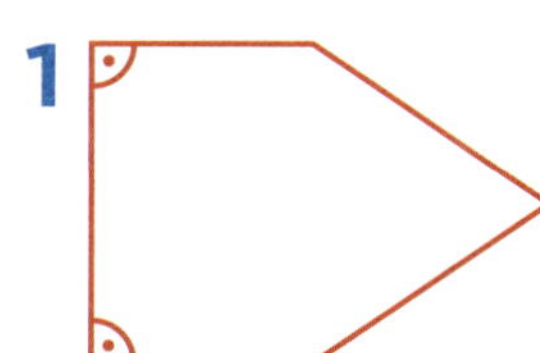

5-eckige Figur = 1P

2 rechte Winkel zeichnen = 1P

Markierung der Winkel = 1P

Deine Figur kann auch anders aussehen. Achte auf die zwei rechten Winkel und prüfe, ob die drei anderen Winkel nicht 90 Grad haben.

2

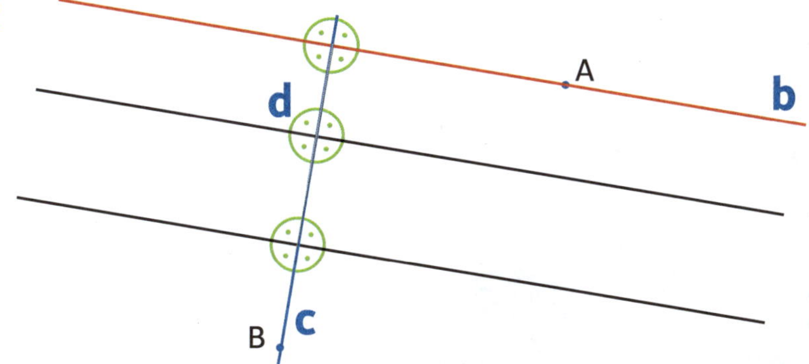

a Der Abstand beträgt **1,4 cm**.

3

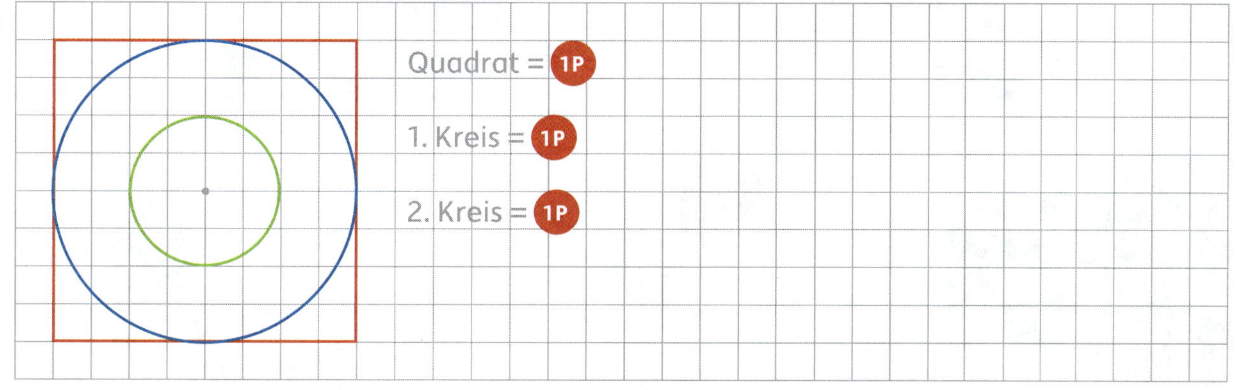

Quadrat = 1P

1. Kreis = 1P

2. Kreis = 1P

Punkte	10-9	8-7	6	5	4-2	1-0
Note	1	2	3	4	5	6

Körperformen (S. 52–55)

Übungsteil

1a Ein Quader hat **6** Flächen, **12** Kanten und **8** Ecken.

b Eine Pyramide mit einer quadratischen Grundfläche hat **5** Flächen.

c Ein Kegel hat **2** Fläche(n), **1** Kante(n) und **1** Ecke(n)/Spitze(n).

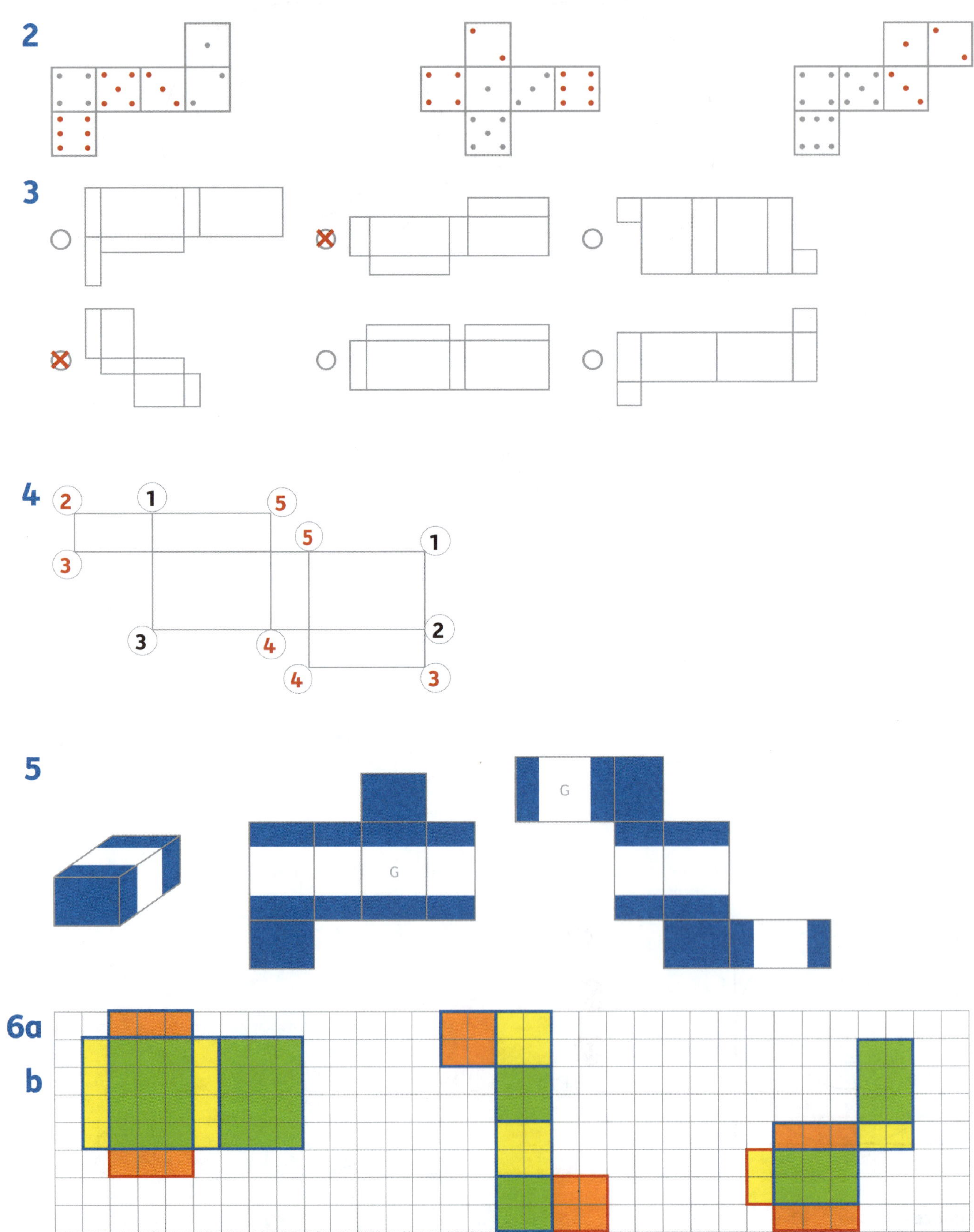

Es gibt verschiedene Möglichkeiten. Hier ein Beispiel.

7

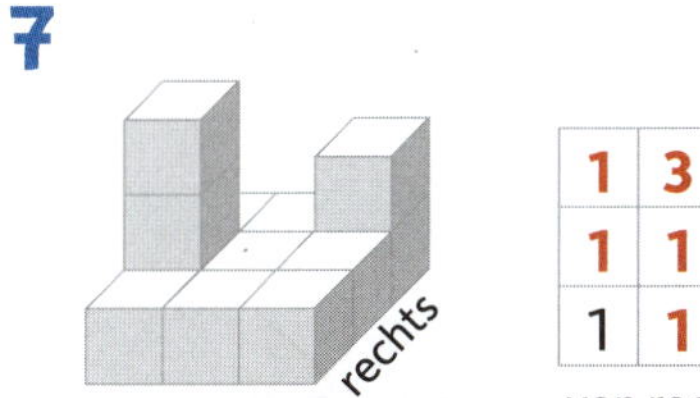

1	3	1
1	1	1
1	1	2

von rechts

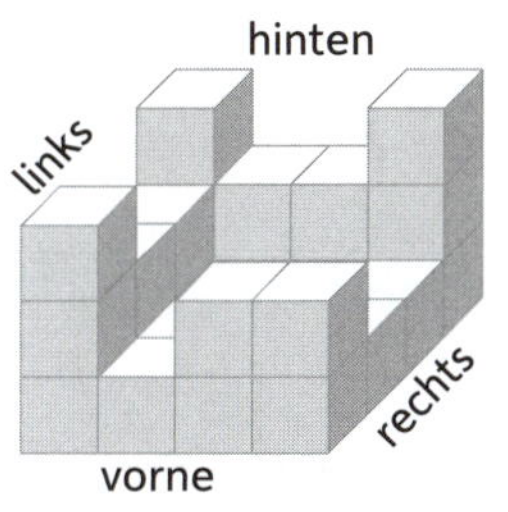

2	2	1	3
1	1	1	2
1	1	1	2
3	2	2	3

von hinten

8

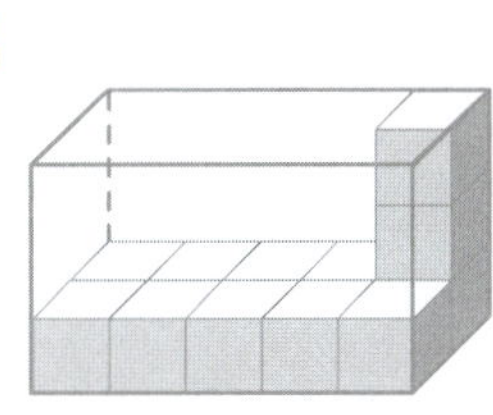

18 Würfel

Zähle ab oder rechne:
$5 \cdot 2 \cdot 3 = 30$ (insgesamt)
$30 - 5 \cdot 2 - 2 = \mathbf{18}$
oder: $9 \cdot 2 = \mathbf{18}$

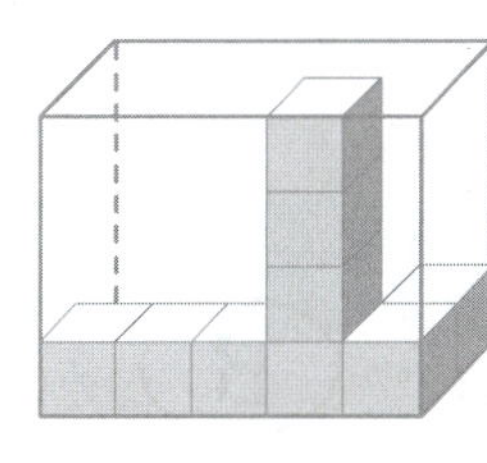

31 Würfel

Rechne:
$5 \cdot 2 \cdot 4 = 40$ (insgesamt)
$40 - 9 = \mathbf{31}$
oder: $5 \cdot 3 + 4 \cdot 4 = \mathbf{31}$

9

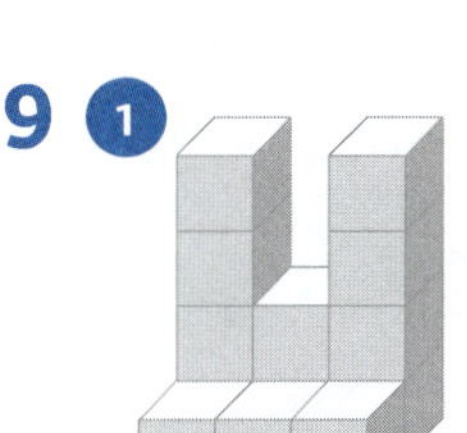

13 Würfel

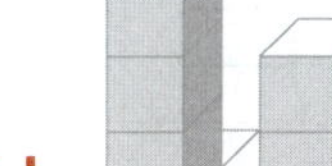

10 Würfel

12 Würfel

a Welcher Körper hat den größten Rauminhalt? Körper **1**
b Welcher Körper hat den kleinsten Rauminhalt? Körper **2**

Test

1a **3** Würfel (ganz im Inneren)
b **20** Würfel (die mittleren Würfel jeder Kante)

2a

3	2	3	1
2	1	1	
1			

von vorne

1		
3	1	
2	1	
3	2	1

von links

b **22** Würfel ($4 \cdot 3 \cdot 3 = 36$ insgesamt → $36 - 14 = 22$)

3

G

G

Punkte	7	6-5	4	3	2-1	0
Note	1	2	3	4	5	6

Achsensymmetrie (S. 56-57)

Übungsteil

1

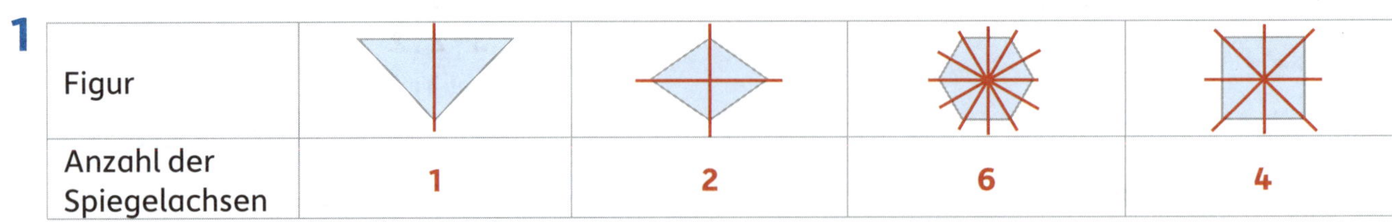

Figur				
Anzahl der Spiegelachsen	1	2	6	4

2

3

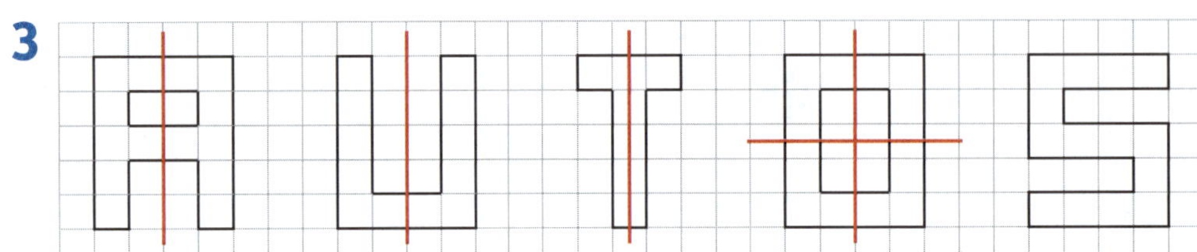

4

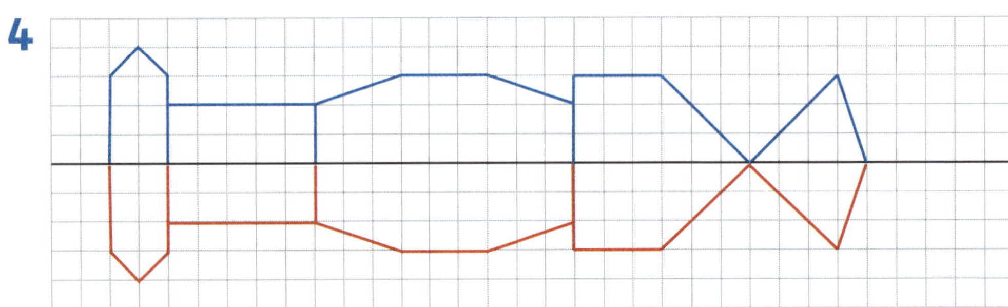

5

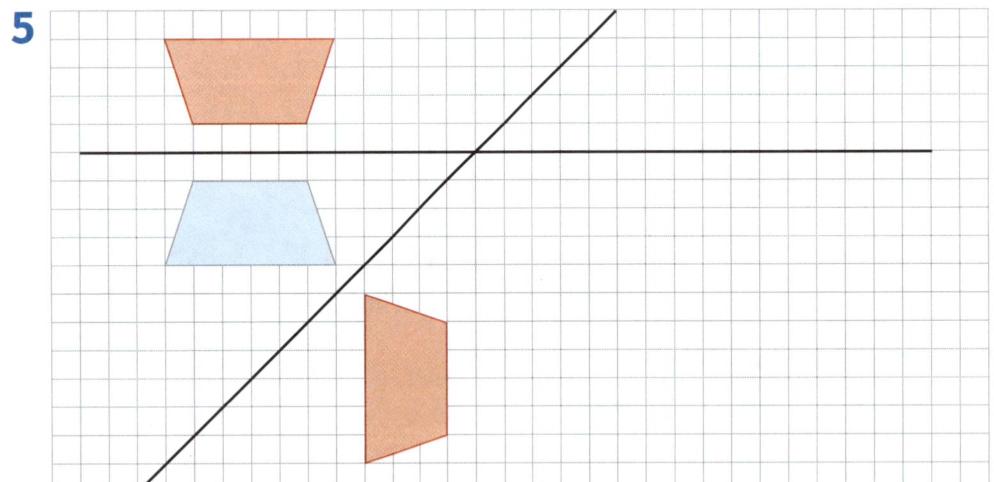

6

Beachte: Dieses Feld ist falsch, denn es hätte zwei Symmetrieachsen, nicht nur eine.

Abschlusstest 1 (S. 58-60)

1 64 591 + 201 835 + 21 862

	6	4	5	9	1
2	0	1	8	3	5
+		2	1	8	6	2
		2	1		
2	8	8	2	8	8

288 288 2P

oder in 2 Schritten

729 021 – 32 718 + 69 264

	7	2	9	0	2	1
–		3	2	7	1	8
	6	9	6	3	0	3

696 303 1P

	6	9	6	3	0	3
+		6	9	2	6	4
		1	1			
	7	6	5	5	6	7

765 567 1P

2a Die kleinstmögliche Zahl: **3079** (Beachte: Eine Zahl beginnt nicht mit 0!)

b **3079; 3097; 3709; 3790; 3907; 3970** (Du brauchst nur drei dieser Zahlen.)

c **9703** (Beachte: Ungerade ist eine Zahl nur, wenn sie auf 1, 3, 5, 7 oder 9 endet. Deshalb steht nicht die 0, sondern die 3 an letzter Stelle.)

3

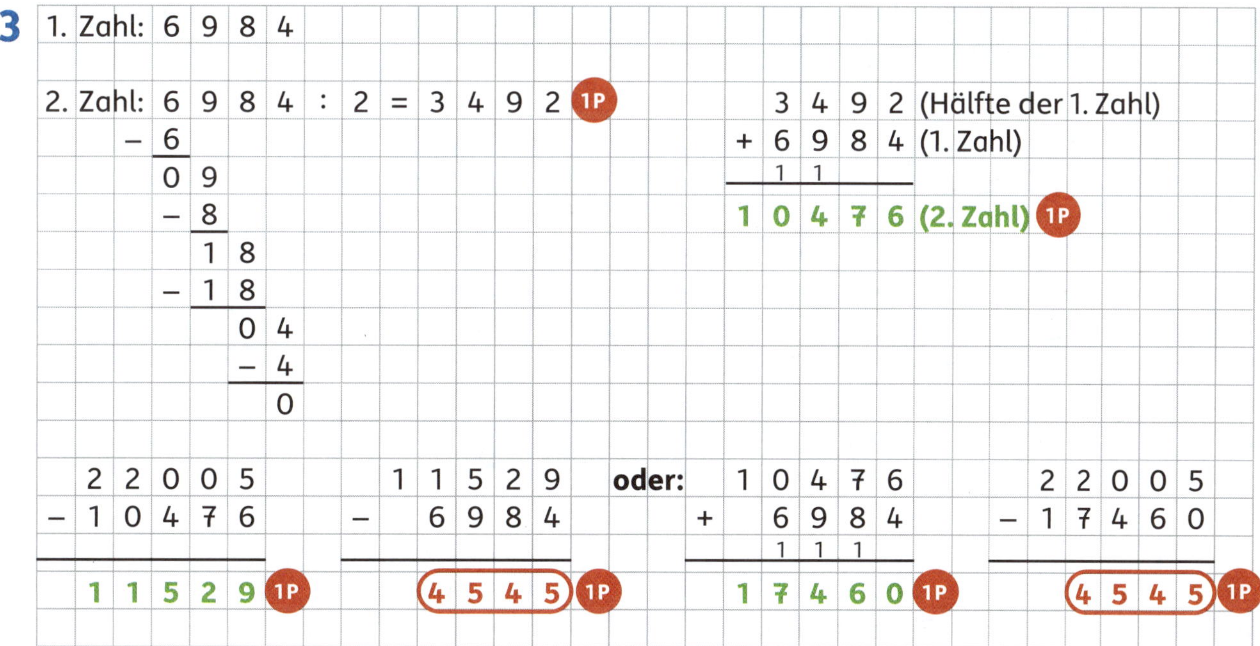

1. Zahl: 6 9 8 4

2. Zahl: 6 9 8 4 : 2 = 3 4 9 2 1P

– 6
0 9
– 8
1 8
– 1 8
0 4
– 4
0

3 4 9 2 (Hälfte der 1. Zahl)
\+ 6 9 8 4 (1. Zahl)
1 1
1 0 4 7 6 (2. Zahl) 1P

2 2 0 0 5
– 1 0 4 7 6
1 1 5 2 9 1P

1 1 5 2 9
– 6 9 8 4
4 5 4 5 1P

oder:

1 0 4 7 6
\+ 6 9 8 4
1 1 1
1 7 4 6 0 1P

2 2 0 0 5
– 1 7 4 6 0
4 5 4 5 1P

4

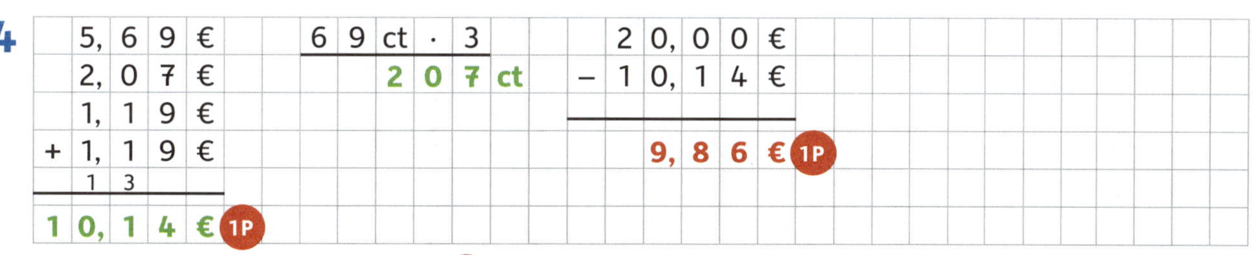

5, 6 9 €
2, 0 7 €
1, 1 9 €
\+ 1, 1 9 €
1 3
1 0, 1 4 € 1P

6 9 ct · 3
2 0 7 ct

2 0, 0 0 €
– 1 0, 1 4 €
9, 8 6 € 1P

A: Sie bekommt **9,86 €** zurück. 1/2P

5

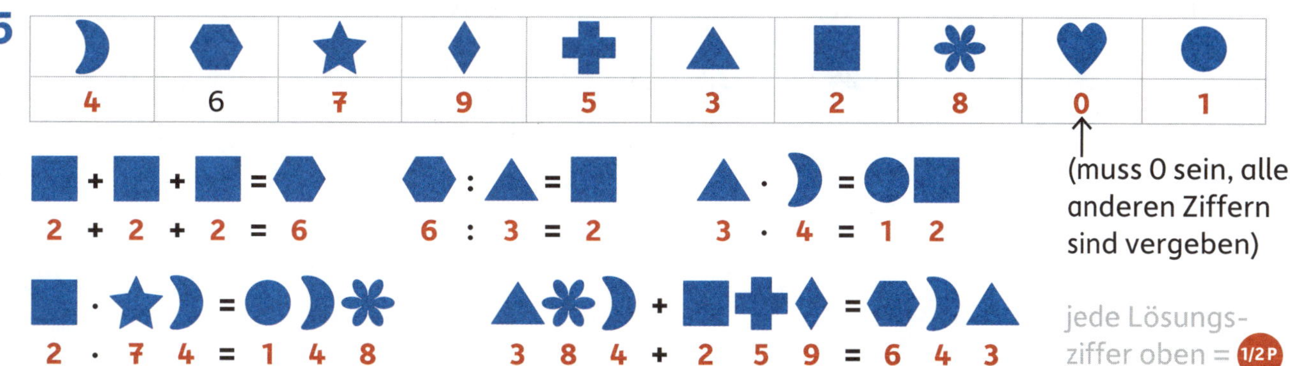

☽	⬢	★	♦	✚	▲	■	✱	♥	●
4	6	7	9	5	3	2	8	0	1

(muss 0 sein, alle anderen Ziffern sind vergeben)

2 + 2 + 2 = 6

6 : 3 = 2

3 · 4 = 1 2

2 · 7 4 = 1 4 8

3 8 4 + 2 5 9 = 6 4 3

jede Lösungsziffer oben = 1/2P

6a Welches ist die größte Zahl, die gerundet 60 ergibt? **64**

b Welches ist die kleinste Zahl, die gerundet 60 ergibt? **55**

7a Die gesamte Reisezeit beträgt **5** h und **47** min.

b Die reine Fahrtzeit beträgt daher 5 h 47 min $\xrightarrow{-55\text{ min}}$ **4 h 52 min**.

8

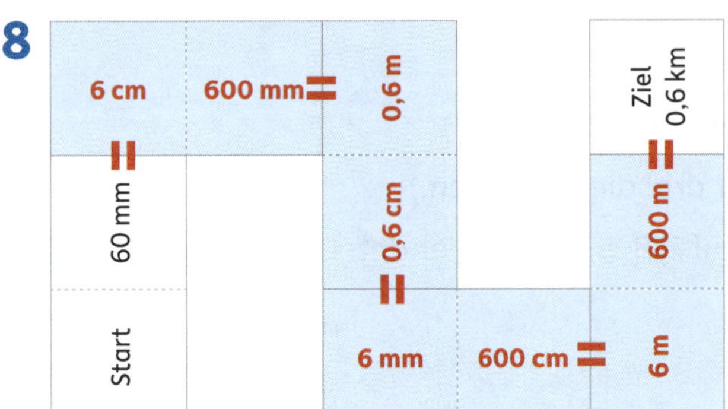

9

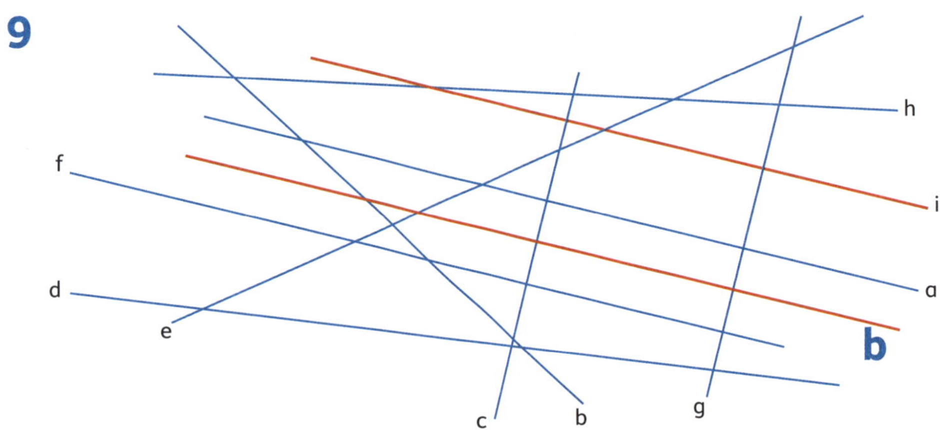

a Die gesuchte Linie trägt den Buchstaben **i**.

10a Augenzahl oben auf Feld 3: **5**

b Augenzahl oben auf Feld 5: **4**

11

3	2	2	3
2	1	1	1
2	1	1	1
3	1	2	2

von vorne

3	2	2	3
1	1	1	2
2	1	1	2
2	1	1	3

von rechts

Punkte	30-28,5	28-24	23,5-19,5	19-15	14,5-9	8,5-0
Note	1	2	3	4	5	6

Abschlusstest 2 (S. 61-64)

1

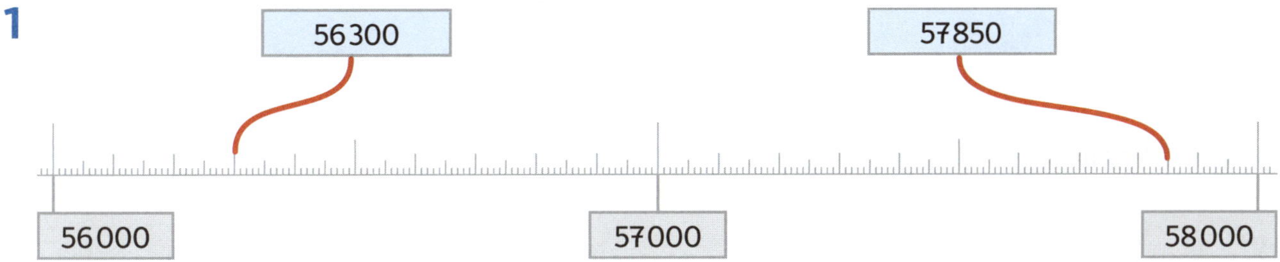

2

6386 · 7

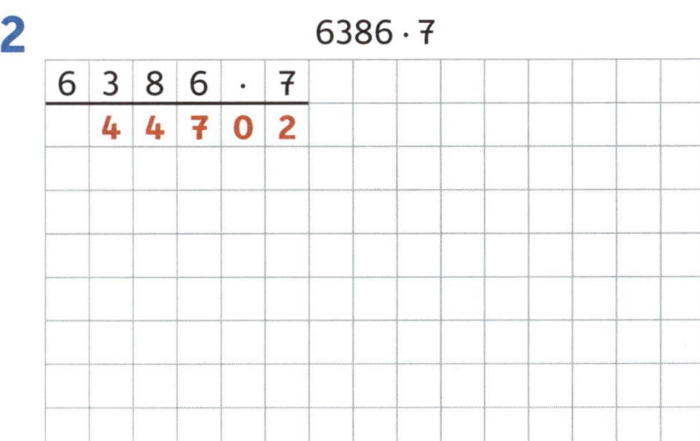

62344 : 8

	6	2	3	4	4	:	8	=	**7**	**7**	**9**	**3**
–	5	6										
		6	3									
	–	5	6									
			7	4								
		–	7	2								
				2	4							
			–	2	4							
					0							

3a Es gibt viele Möglichkeiten. Hier einige Beispiele: **11 119; 80 005; 33 331; 40 306 ...**

b Alle Möglichkeiten: **102; 111; 120; 201; 210; 300** jede Zahl = 1/2 P

4

7491 g	≈	8 kg	**7 kg**
58 ct	≈	1 €	✓
452 cm	≈	4 m	**5 m**
3 kg 560 g	≈	4 kg	✓

jede Zeile = 1/2 P

5a A: **240 l Wasser** passen insgesamt in das Planschbecken. 1/2 P

b A: Frau Grün kann **3 Fässer** füllen. 1/2 P

a 24 · 5 l = **120 l** 1P 120 l · 2 = **240 l** 1P

b 140 l : 40 l = **3** 1P

6

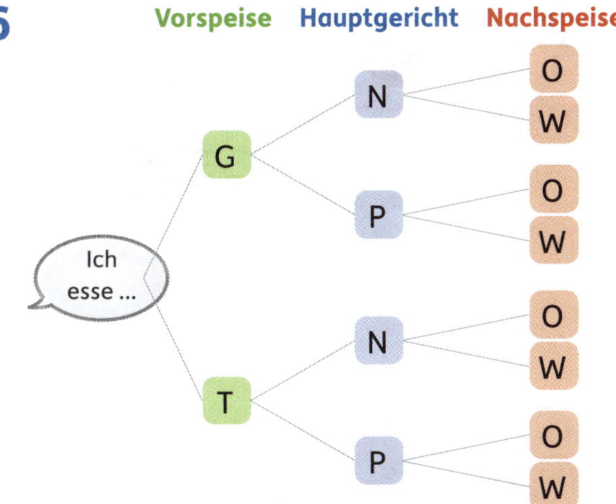

oder rechne: 2 · 2 · 2 = **8**

Rechnung oder Zeichnung = 1P

A: Es gibt **8 verschiedene Möglichkeiten.** 1/2 P

7

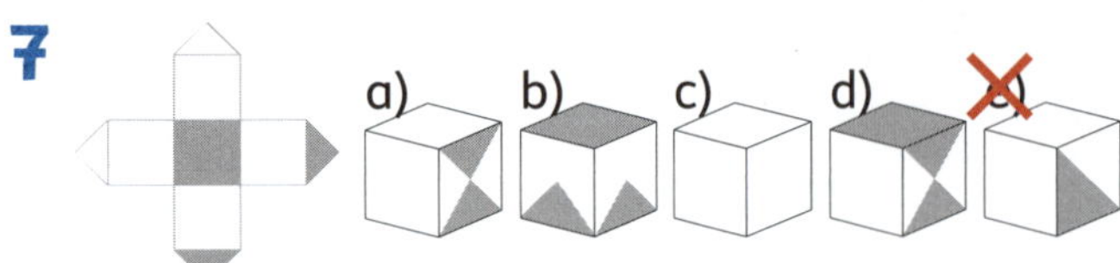

8

7 kg – 1250 g < 6 kg

2 h – 27 min > 90 min

4,125 l = 825 ml · 5

9 Die Fläche ist **grün**.

10

S	O		M	O		D	I		M	I		D	O
+	3		+	6		+	9		+1	2		+1	5

4 5 Seiten mehr

6 Tage insgesamt

69 – 45 = 24

24 : 6 = **4** Seiten am Samstag

A: Am Samstag hat Tobi **4 Seiten** gelesen. Hier zählt nur das Ergebnis. = 1P

11

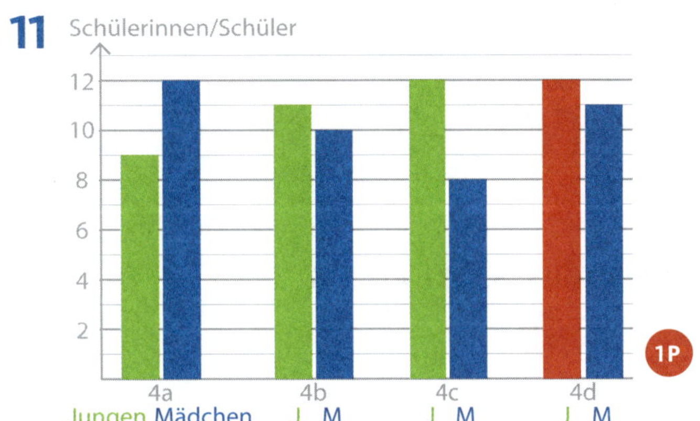

Jungen insgesamt:	16 + 12 + 6 + 10 = **44** (vgl. Lieblingseis) 1P
Jungen 4a + 4b + 4 c:	9 + 11 + 12 = **32** 1P
Jungen 4d:	44 – 32 = **12** 1P

A: In die Klasse 4d gehen **12 Jungen**. 1/2P

12 Rechne jeweils zunächst die Teilaufgabe auf dem Pfeil. Anschließend rechne von rechts nach links die Umkehraufgaben.

☐ —+ 3276 : 3→ ☐ —– 5 · 285→ 666

5 · 285
10
40
25
1425 1P

666 + 1425 = **2091** 1P

3276 : 3 = **1092** 1P
– 3
027
– 27
06
– 6
0

2091 – 1092 = **999** 1P

A: Ilias Zahl heißt **999**.

Punkte	30-28,5	28-24	23,5-19,5	19-15	14,5-9	8,5-0
Note	1	2	3	4	5	6

1. Das musst du wissen: Hohlmaße

Als Hohlmaß bezeichnet man das Fassungsvermögen von Gefäßen. Es wird in Litern (l) und Millilitern (ml) gemessen.
Es gilt: 1000 ml = 1 l.

Beachte die verschiedenen Schreibweisen: gemischte Schreibweise, Kommaschreibweise.

8420 ml = 8 l 420 ml (gemischte Schreibweise) = 8,420 l (Kommaschreibweise)

Kleine Mengen werden (z. B. bei Rezepten) oft mit Brüchen angegeben.

$\frac{1}{8}$ l = 125 ml = 0,125 l

$\frac{1}{2}$ l = 500 ml = 0,5 l

$\frac{1}{4}$ l = 250 ml = 0,25 l

$\frac{3}{4}$ l = 750 ml = 0,75 l

Lerne diese Zahlen am besten auswendig. Sie kommen oft vor.

2. Jetzt geht's ans Üben!

1 Ordne der Größe nach. Beginne mit der kleinsten Mengenangabe.

28 ml | $\frac{1}{4}$ l | 28 l | $\frac{1}{2}$ l | 285 ml

____

2 Wandle in die angegebene Größe um.

250 ml = ________ l

0,7 l = ________ ml

500 ml = ________ l

$\frac{3}{4}$ l = ________ ml

$\frac{1}{8}$ l = ________ ml

2 l 350 ml = ________ ml

70 ml = ________ l

1 l 450 ml = ________ ml

3 Ergänze auf fünf Liter.

2389 ml + ________ = 5 l

4 l 725 ml + ________ = 5 l

50 ml + ________ = 5 l

$1\frac{3}{4}$ l + ________ = 5 l

4 Vergleiche: <, > oder =. Achte auf die Maßeinheiten.

2250 ml ◯ 2 l 25 ml   380 ml ◯ 3 l 800 ml   19 l 900ml ◯ 9 l 910 ml

500 ml ◯ $\frac{1}{2}$ l $\frac{3}{4}$ l ◯ 760 ml   1 l 400 ml ◯ $\frac{1}{4}$ l

5 Wandle in gleiche Einheiten um und berechne. Gib das Ergebnis in der angegebenen Einheit an. Rechne, wenn nötig, auf einem Extrablatt.

3 l 675 ml + 500 ml = ______________________ = ______ l ______ ml

128 l + 3 l 250 ml + 400 ml = ______________________ = ______ l ______ ml

$\frac{1}{8}$ l + 25 ml + 620 ml = ______________________ = ______ ml

6 In einer Getränkekiste sind 12 Flaschen Mineralwasser mit je 0,75 l. Wie viel Liter sind es insgesamt?

A: ______________________

7 Der Arzt hat Tim empfohlen, 1,5 l am Tag zu trinken. Deswegen schreibt Tim sich einen Tag lang auf, was er getrunken hat. Am Morgen trinkt er $\frac{1}{4}$ l Milch, in der Schule 400 ml Wasser, zum Mittagessen und zum Abendessen trinkt er je 200 ml Wasser, am Nachmittag einen heißen Kakao mit 260 ml. Schafft Tim die Empfehlung des Arztes? Rechne nach.

A: ______________________

3. Bist du fit für den Übertritt?

1 Wie viele Milliliter sind das? Rechne aus.

Das Dreifache von $\frac{1}{4}$ l = ________ ml Das Doppelte von $\frac{3}{4}$ l = ________ ml

Das Fünffache von $\frac{1}{2}$ l = ________ ml Die Hälfte von $\frac{1}{4}$ l = ________ ml

☐ /4

2 Rechne aus und vergleiche: <, > oder =.

220 ml + 275 ml ◯ 0,8 l – 300 ml $\frac{3}{4}$ l + 1 $\frac{1}{2}$ l ◯ 1 l + 1 l 200 ml

1 l 400 ml + 2 l 40 ml ◯ 3800 ml $\frac{3}{4}$ l + 350 ml ◯ 1,8 l – 700 ml

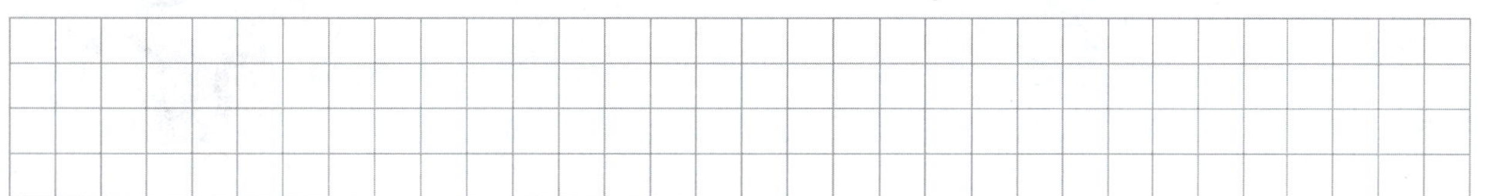

☐ /4

3 Kreuze richtige Aussagen an.

◯ 4 Achtelliter ergeben genau einen halben Liter.
◯ 3 Viertelliter sind mehr als 800 ml.
◯ 3 Achtelliter plus 3 Viertelliter ergeben genau einen Liter.
◯ 8 Viertelliter sind genau 2 Liter.

☐ /2

4 Familie Koch besteht aus Mama, Papa und den Töchtern Mia, Liara und Malea. Die Kinder duschen dreimal pro Woche, die Eltern täglich. Pro Duschen werden 60 Liter Wasser verbraucht. Wie viel l Wasser verbraucht Familie Koch pro Woche? Gib das Ergebnis in l an.

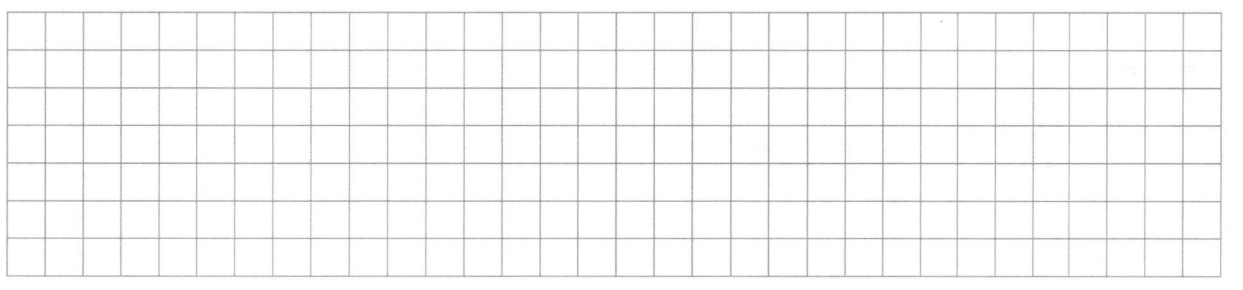

A: ____

☐ /3,5

Von 13,5 Punkten hast du ______ erreicht.

1. Das musst du wissen: Geld

In vielen europäischen Ländern bezahlen wir in Euro (€) und Cent (ct). Geldbeträge werden meist in Kommaschreibweise angegeben, manchmal auch als gemischte Schreibweise. Es gilt: 1 € = 100 ct.

23,25 € = 23 € 25 ct
20 ct = 0,20 €
1 € 1 ct = 1,**01** € (Beachte die **Null**!)

Auch beim Geld musst du beim Rechnen auf die **gleiche Maßeinheit** (€ oder ct) achten. Am einfachsten rechnest du ohne Kommas. Wandle dazu Eurobeträge in Cent um.

89 ct + 4,29 €

		8	9	ct	
+	4	2	9	ct	
	1	1			
	5	1	8	ct	
=	5,	1	8	€	

9,52 € : 4

	9	5	2	ct	:	4	=	2	3	8	ct	=	2,	3	8	€
−	8															
	1	5														
−	1	2														
		3	2													
	−	3	2													
			0													

2. Jetzt geht's ans Üben!

1 Wandle um.

365 ct = ________ € 0,58 € = ________ ct 3027 ct = ________ €
8,12 € = ________ ct 13,05 € = ________ ct 18 € = ________ ct

2 Vergleiche und setze ein: <, > oder =.

490 ct ◯ 4,09 € 91,38 € ◯ 9138 ct 110ct ◯ 1 € 1 ct

3 Ergänze auf 200 €.

142,72 € + ________ € = 200 €
84,17 € + ________ € = 200 €
112 € 26 ct + ______ € ______ ct = 200 €
5927 ct + ________ ct = 200 €

4 **Addiere und subtrahiere schriftlich.**

81,68 € + 132,45 € = ______________________ 79,37 € – 24 € 76 ct = ______________________

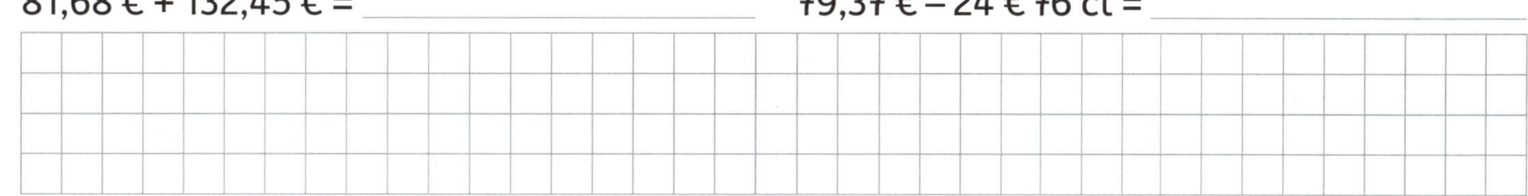

5 **Multipliziere und dividiere schriftlich.**

921,75 € · 7 = ______________________ 619,44 € : 4 = ______________________

6 **Sophie kauft sieben Brötchen für je 0,42 €, ein Brot für 3,29 € sowie zwei Stück Kuchen für je 2,69 €. Sie bezahlt mit einem 20-€-Schein. Wie viel bekommt sie zurück?**

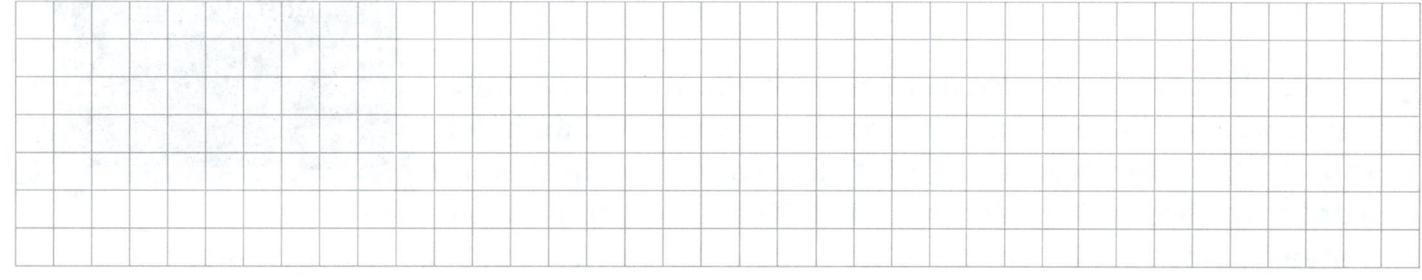

A: ____

7 **Julius braucht 12 neue Buntstifte. Er vergleicht die Preise. Wie viel spart er insgesamt, wenn er die Packung im Angebot kauft und keine 12 Einzelstifte?**

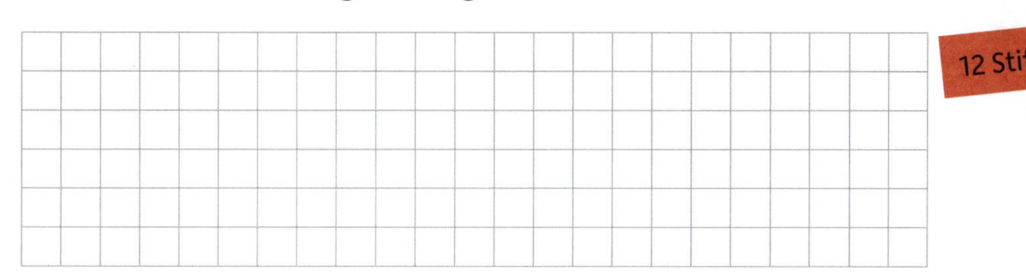

A: ____

3. Bist du fit für den Übertritt?

1 Rechne schriftlich.

681,94 € + 4287 ct = ______________ 6,90 € – 3 € 9 ct = ______________

/2

2 Idas Mama hat Vorräte eingekauft. Davon bekommt die Nachbarin Elli eine Packung Mehl und eine Packung Zucker. Berechne, wie viel Elli bezahlen muss.

Kassenzettel

7 Packungen Mehl	8,33 €
5 Packungen Zucker	5,35 €
3 Packungen Reis	6,75 €

Fülle die Rechnung für Elli aus. Einen Antwortsatz brauchst du hier nicht.

/3

Pausenverkauf

Brezel	*0,80 €*
Brötchen	*0,70 €*
Schokocroissant	*2,00 €*

3 Rechts siehst du die Preise des Pausenverkaufs einer Schule. Heute werden in der Pause 31 Brezeln verkauft. Mit dem Verkauf der Brötchen werden 36,40 € eingenommen. Insgesamt wurden an diesem Tag Waren für 101,20 € verkauft. Berechne die Anzahl der verkauften Brötchen sowie die Anzahl der verkauften Schokocroissants.

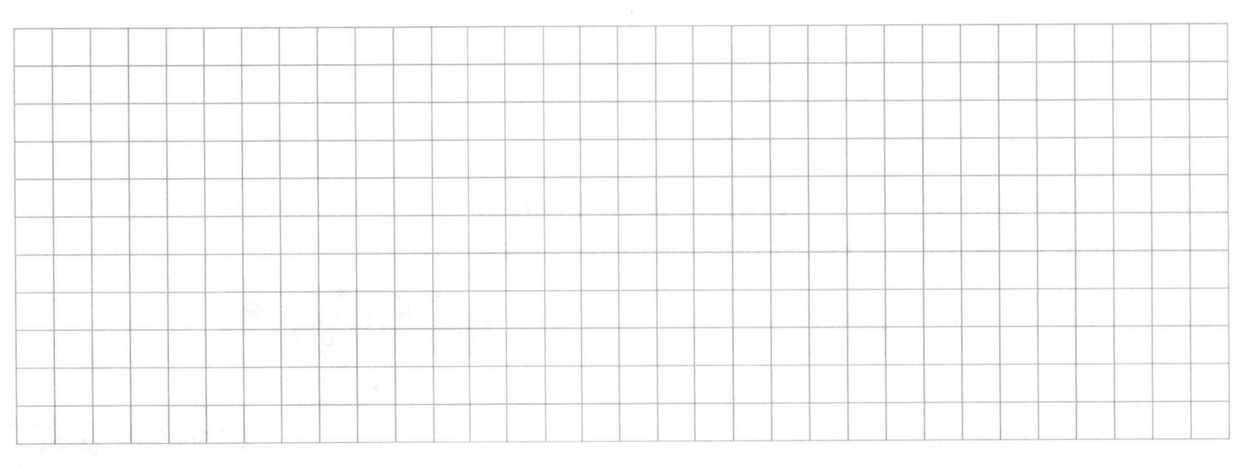

/5,5

A: ____

Von 10,5 Punkten hast du ______ erreicht.

1. Das musst du wissen: Zeit

Für Zeitspannen gibt es unterschiedliche Einheiten:
1 Tag (d) = 24 Stunden (h)
1 Stunde (h) = 60 Minuten (min)
1 Minute (min) = 60 Sekunden (s)
Beim Berechnen von Zeitspannen kann dir ein Pfeilbild helfen:

14:45 Uhr —— 1 h 52 min ——→ 16:37 Uhr
14:45 Uhr —— + 1 h ——→ 15:45 Uhr —— + 52 min ——→ 16:37 Uhr
15:45 Uhr —— + 15 min ——→ 16:00 Uhr —— + 37 min ——→ 16:37 Uhr

Merke dir:
$\frac{1}{4}$ h = 15 min
$\frac{1}{2}$ h = 30 min
$\frac{3}{4}$ h = 45 min

Rechne schrittweise!

2. Jetzt geht's ans Üben!

1 Wandle in die angegebene Einheit um.

12 min = ________ s 8 min 21 s = ________ s

$3\frac{1}{4}$ h = ________ min 5 Tage = ________ h

2 Vergleiche und setze ein: <, > oder =.

150 h ◯ 6 Tage 7 min ◯ 450 s 3 h ◯ 190 min 2 h ◯ 7200 s

3 Richtig oder falsch? Kreuze an.

	richtig	falsch
100 Minuten sind weniger als eineinhalb Stunden.		
Zwei Dreiviertelstunden sind 90 Minuten.		
Zweieinhalb Stunden sind mehr als 160 Minuten.		
Acht Viertelstunden sind so lang wie zwei ganze Stunden.		

4 **Wie lange dauert die Fahrt von Frankfurt am Main nach Mannheim mit den unterschiedlichen Verbindungen?**

Abfahrt	Ankunft	Fahrzeit
6:12	7:19	
6:34	7:39	
6:48	7:27	
7:06	8:44	

5 **Familie Gruber fährt in den Urlaub. Nach 8 h 35 min Fahrt erreichen sie um 17:42 Uhr ihr Urlaubsziel. Um wie viel Uhr sind sie losgefahren?**

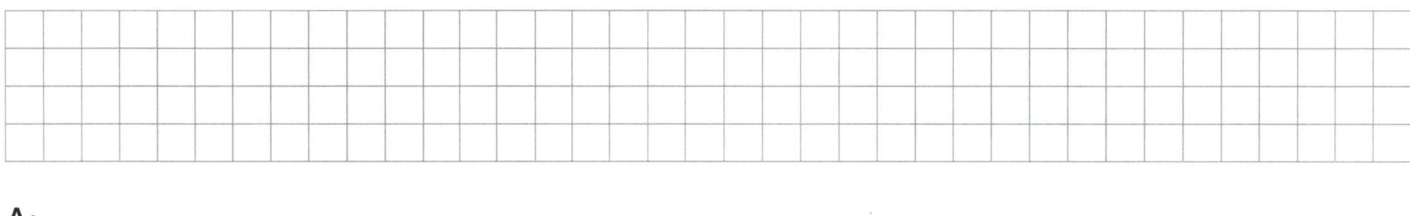

A: ______

6 **Familie Fischer fährt um 8:38 Uhr ab München Hauptbahnhof nach Hamburg Altona. Der Zug kommt mit 54 min Verspätung um 16:02 Uhr an. Um wie viel Uhr hätte der Zug ohne Verspätung ankommen sollen?**

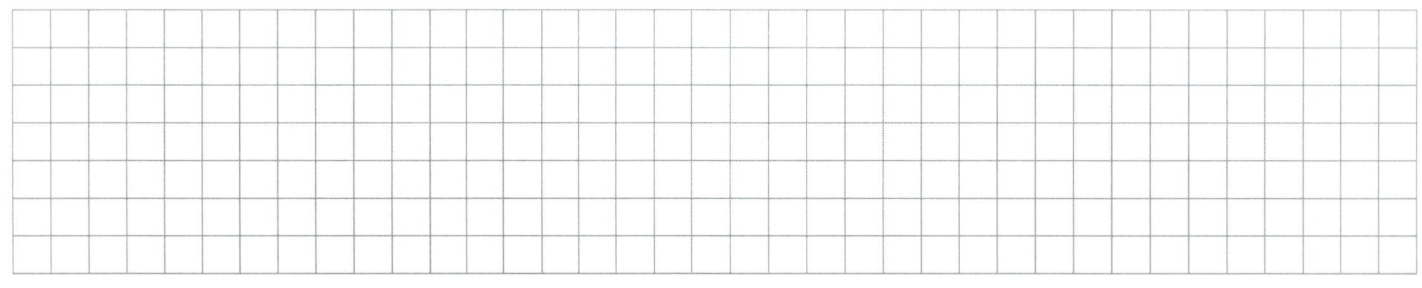

A: ______

7 **Tobi hat am Freitag um 12:50 Uhr Schulschluss. Für den Nachhauseweg braucht er 17 min. Für eine kurze Pause und das Mittagessen vergehen weitere 25 min. Jetzt setzt er sich an die Hausaufgaben, für die er heute 80 min benötigt. Um wie viel Uhr ist er fertig?**

A: ______

3. Bist du fit für den Übertritt?

1 **Wandle in die angegebene Einheit um.**

13 min 37 s = ________ s　　　　1140 min = ________ h

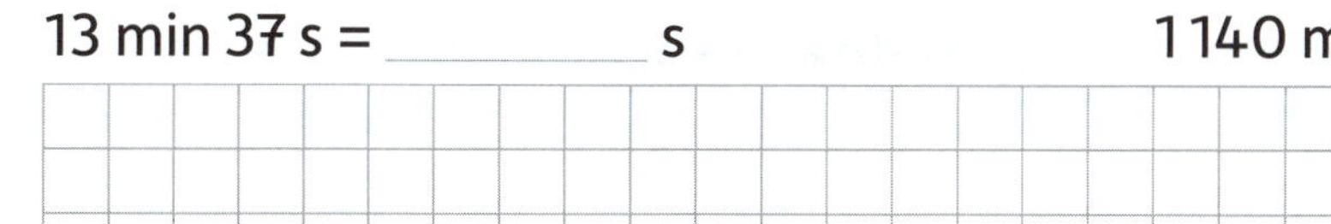

/2

2 **Ergänze die Tabelle. Rechne, wenn nötig, auf einem Extrablatt.**

Abfahrt	7:46 Uhr	10:29 Uhr	
Ankunft		15:18 Uhr	12:58 Uhr
Fahrzeit	3 h 28 min		2 h 17 min

/3

3 **Simon und Tim haben sich im Freibad verabredet. Simons Weg ist 4 km lang. Er radelt um 14:10 Uhr zuhause los und braucht pro Kilometer 3 Minuten und 45 Sekunden. Unterwegs hält er für 6 Minuten am Supermarkt, um Kekse zu kaufen. Tim startet um 14:15 Uhr. Er muss 6 km fahren und braucht 3 Minuten und 20 Sekunden pro gefahrenem km.**

a Um wie viel Uhr kommen Simon und Tim am Schwimmbad an?

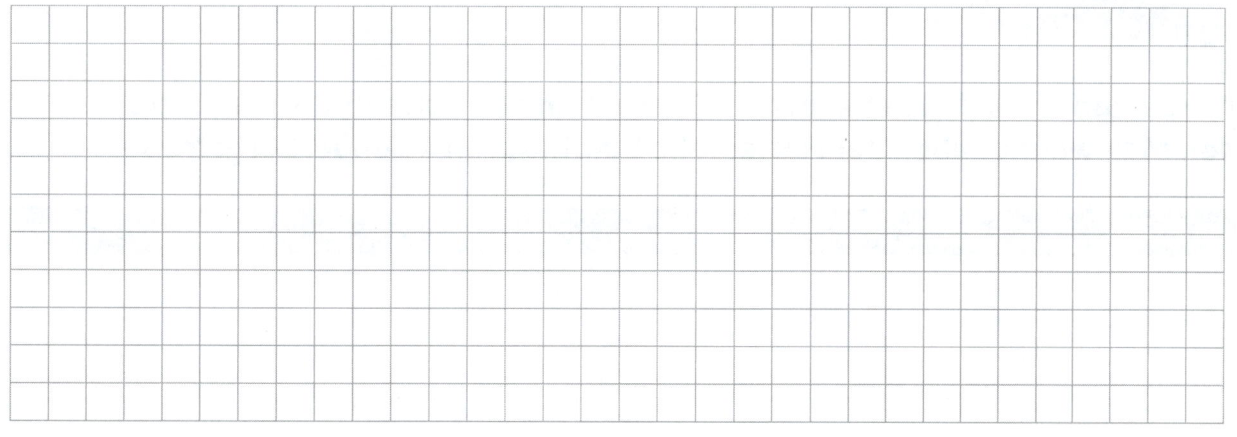

A: Simon kommt um ________ Uhr an, Tim um ________ Uhr.

/4,5

b Wie lange muss der Erste auf den Zweiten warten?

A: ____

/1

Von 10,5 Punkten hast du ______ erreicht.

1. Das musst du wissen: Tabellen/Diagramme

Sowohl Tabellen als auch Diagramme sind **zeichnerische Darstellungen** von Informationen. Tabellen bestehen immer aus **Zeilen (→)** und **Spalten (↓)**. Aus ihnen kann man einzelne **Informationen** genau ablesen.

Entfernungstabelle

	Köln	Frankfurt a. M.	**Berlin ↓**	Hamburg	München
Stuttgart	373 km	210 km	633 km	656 km	233 km
Bremen →	321 km	442 km	**407 km**	128 km	768 km

Bremen ist von **Berlin** **407 km** entfernt.

Schaubilder (Diagramme) begegnen uns oft, wenn Zusammenhänge zwischen einzelnen Größen dargestellt werden sollen. Es gibt viele verschiedene Darstellungsformen. Weit verbreitet sind das **Säulendiagramm** und das **Balkendiagramm**.

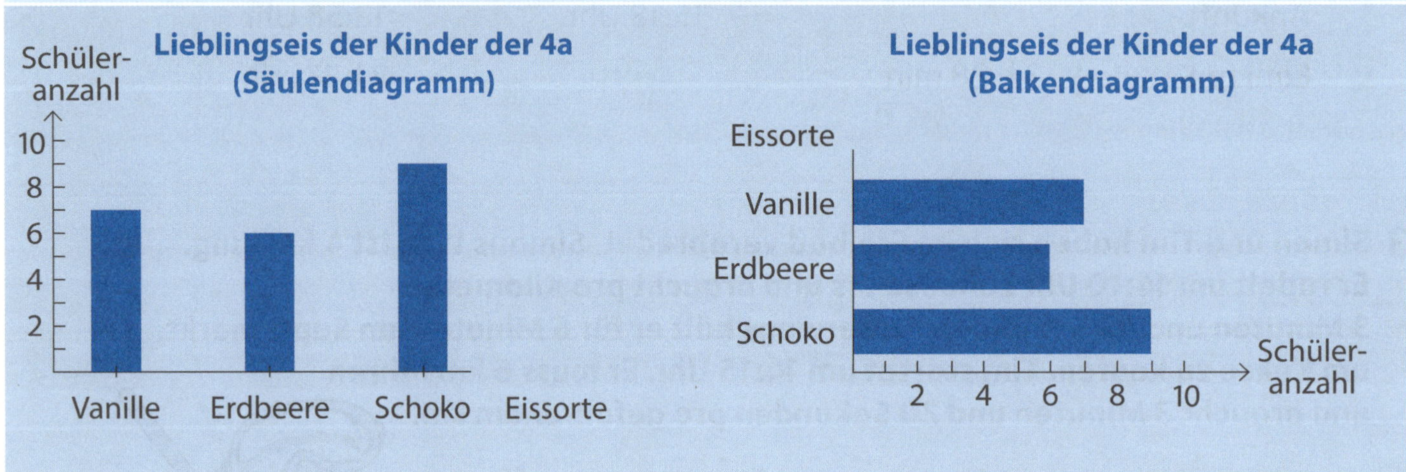

2. Jetzt geht's ans Üben!

1 **Tobi möchte seinen Freund Max besuchen. Er steht an der Haltestelle Hauptstraße in Grünwasser. Max wohnt neben der Haltestelle Samthausen – Sonderbergstraße.**

Haltestelle	Mo-Fr				Sa		
Grünwasser – Busbahnhof	6:45	10:25	12:45	14:20	9:05	12:45	14:19
– Marktplatz	6:47	10:27	12:47	14:22	9:07	12:47	14:22
– Hauptstr.	6:51	10:31	12:51	14:26	9:11	12:51	14:26
Fichtenberg – Gasthaus Lamm	6:55	10:35	12:55	14:30	9:15	12:55	14:30
– Schule	6:58	10:38	12:58	14:33	9:18	12:58	14:33
– Dorfplatz	7:02	10:42	13:02	14:37	9:22	13:02	14:37
Samthausen – Brückenstr.	7:09	10:49	13:09	14:44	9:29	13:09	14:44
– Sportplatz	7:13	10:53	13:13	14:48	9:33	13:13	14:48
– Sonderbergstr.	7:15	10:55	13:15	14:50	9:35	13:15	14:50
Burgstall – Kindergarten	7:21	11:01	13:21	14:56	9:41	13:21	14:56

Auf der nächsten Seite geht's weiter!

a Es ist Dienstag, 14:24 Uhr. Wann hält der nächste Bus an der Haltestelle Hauptstraße?

A: ______

b An der wievielten Haltestelle muss Tobi aussteigen?

A: ______

c Wie lange dauert die Fahrt bis zu Max?

A: ______

d Um wie viel Uhr wäre Tobi angekommen, wenn er einen Bus früher erwischt hätte?

A: ______

2 Die Klasse 4c möchte ein Säulendiagramm erstellen. Sie haben alle 25 Schüler befragt, wie sie zur Schule kommen. (Jedes Kind durfte dabei nur eine Möglichkeit nennen.) Betrachte die Tabelle und das Diagramm dazu.

a Ergänze passend die Zahlen in der Tabelle und die Säulen im Diagramm.

	 (zu Fuß)	 (Roller)	 (Fahrrad)	 (Auto)	 (Bus)
Anzahl	8	3		5	

Anzahl der Kinder

10

8

6

4

2

Verkehrsmittel

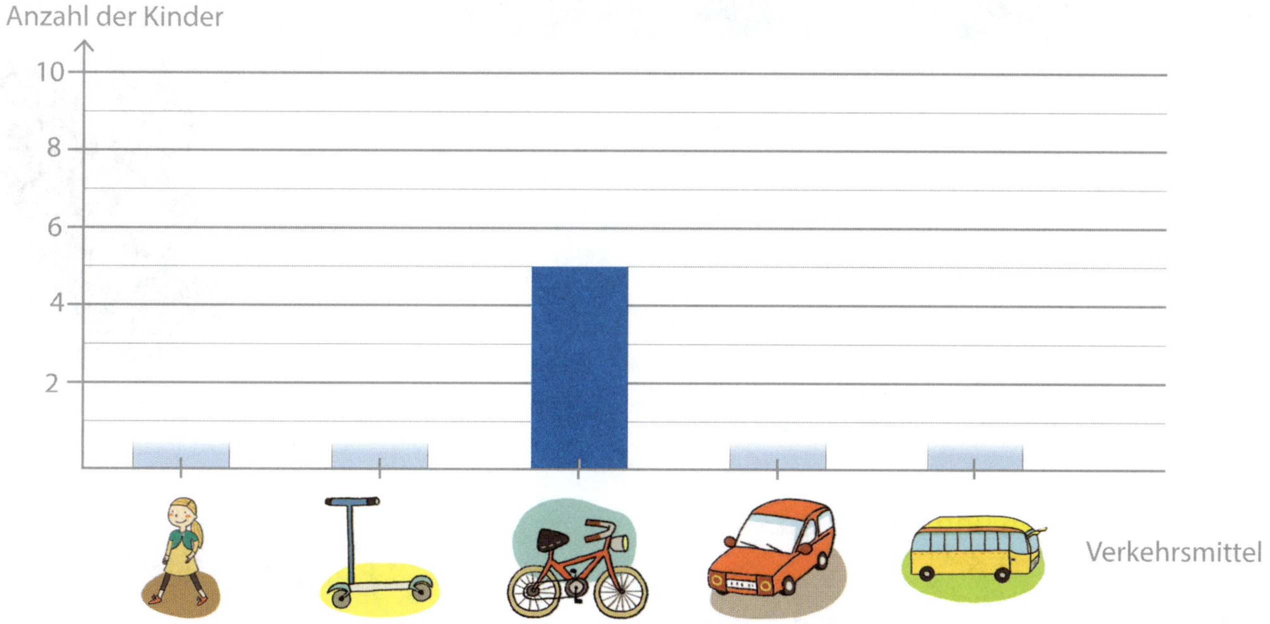

b Welche zwei Fortbewegungsmittel kommen gleich häufig vor?

A: ______

3 **Schau dir das Diagramm an. Es zeigt für das Jahr 2017 in Berlin die durchschnittlichen Sonnenstunden <u>pro Tag</u> (auf ganze Stunden gerundet) an.**

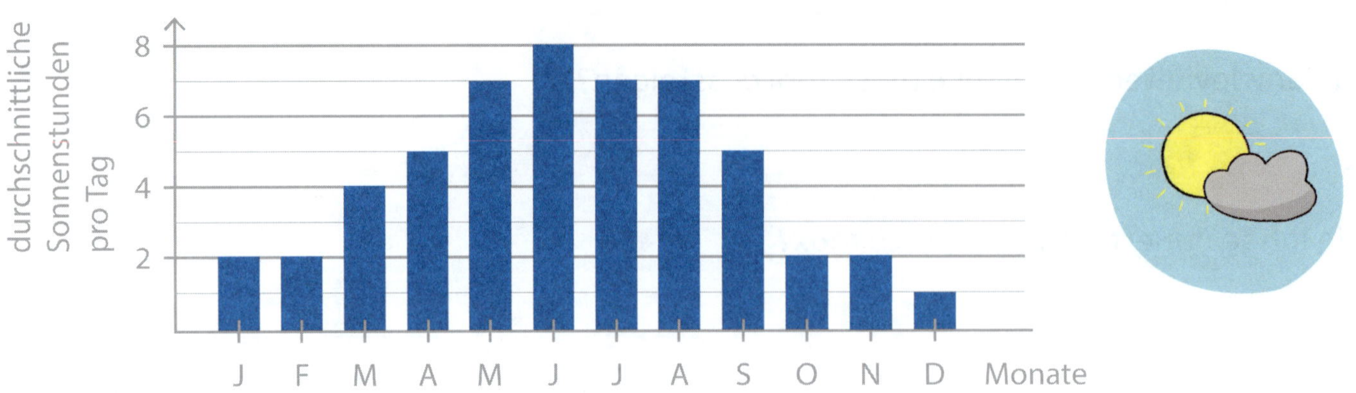

a Der Monat mit den durchschnittlich meisten Sonnenstunden: ____________________

b Durchschnittliche Sonnenstunden für einen Tag im April: ____________________

c Durchschnittliche Sonnenstunden im gesamten Monat März: ____________________

4 **So weit können diese Tiere springen:**

Floh	0,6 m
Reh	6 m

Eichhörnchen	4 m
Heuschrecke	2 m

Wildschwein	4 m
Waldmaus	0,8 m

Hase	2,6 m
Fuchs	2,8 m

a Vervollständige das Balkendiagramm.

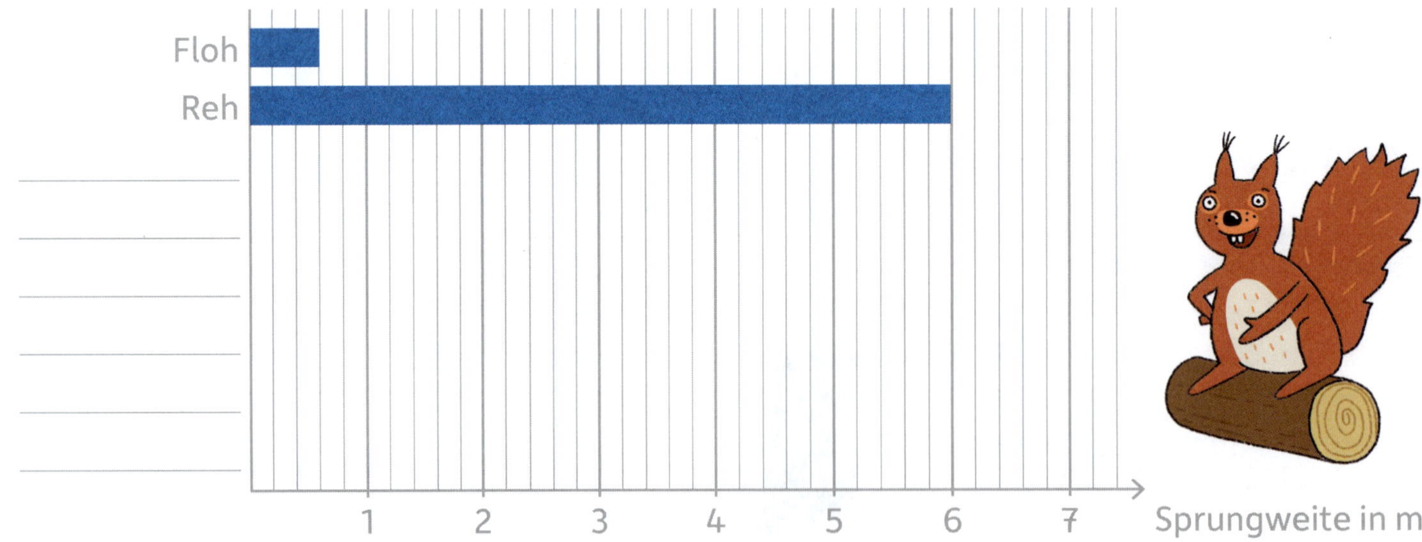

b Überprüfe die Aussagen und kreuze an.

	richtig	falsch
Das Eichhörnchen springt so weit wie der Hase.		
Die Waldmaus springt weniger weit als der Floh.		
Von allen genannten Tieren springt das Reh am weitesten.		
Das Wildschwein springt doppelt so weit wie die Heuschrecke.		

3. Bist du fit für den Übertritt?

1 Die Kinder der Klasse 4a haben zu Schuljahresbeginn eine Umfrage zur liebsten Freizeitbeschäftigung gemacht. Jedes Kind durfte genau <u>eine Stimme</u> abgeben.

a Wie viele Kinder haben an der Umfrage teilgenommen?
A: ________ Kinder

b Das beliebteste Hobby war

________________.

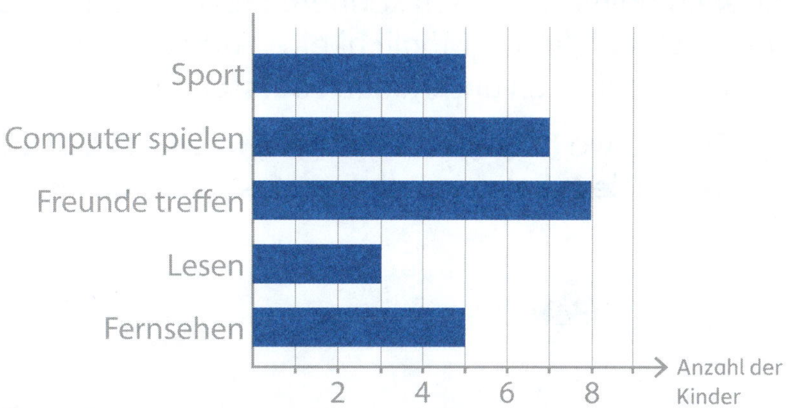

/2

2 Zum Schuljahresende führte die Klasse die Umfrage erneut durch. Beachte die Änderungen. Ergänze das Balkendiagramm.

2 Kinder kamen neu in die Klasse.

„Sport“ bekam eine Stimme mehr.

„Computer“ bekam 2 Stimmen mehr.

Die Stimmen für „Lesen“ und „Freunde treffen“ blieben gleich.

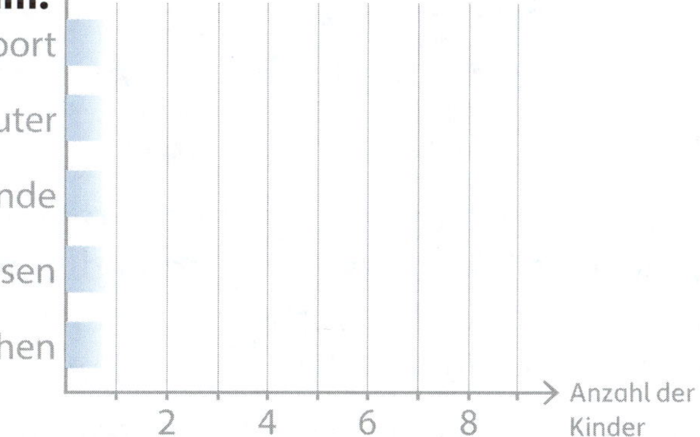

/3

3 Leon wohnt nahe der Haltestelle Klinghof. Er will sich mit Freunden im Kino in Bubenhausen treffen, das 10 Minuten Fußweg von der Haltestelle entfernt ist. Der Film beginnt um 15:00 Uhr. Er möchte pünktlich sein, aber möglichst nicht lange warten.

Haltestelle	Mo-Fr						Sa/So		
Klinghof	7:16	8:37	12:05	13:48	17:51	19:12	8:50	14:10	18:40
Taubental	7:23	8:44	12:11	13:55	17:58	19:19	8:56	14:16	18:46
Dorfschenke	7:34	8:55	12:22	14:05	18:09	19:30	9:06	14:26	18:56
Bubenhausen	7:42	9:03	12:30	14:13	18:17	19:38	9:13	14:33	19:03

a Welchen Bus sollte er unter der Woche nehmen? Abfahrtszeit: ________________

b Wie lange dauert diese Fahrt? ________________

c Welchen Bus sollte er am Wochenende nehmen? Abfahrtszeit: ________________

d Wie lange muss Leon am Samstag bei seiner Ankunft im Kino auf den Start des Films warten? ________________

/4

Von 9 Punkten hast du ______ erreicht.

1. Das musst du wissen: Kombinatorik und Wahrscheinlichkeit

Bei Sachaufgaben zur Kombinatorik hast du verschiedene Wahlmöglichkeiten, die miteinander kombiniert werden können. Besonders hilfreich ist es, wenn du Schritt für Schritt vorgehst und dir alle Möglichkeiten aufschreibst. Mit einem **Baumdiagramm** lassen sich Möglichkeiten anschaulich darstellen.

Der Clown hat **zwei verschiedene Hüte** und **drei verschiedene Fliegen**. Wie viele Möglichkeiten hat er, sich verschieden anzuziehen? 6 Möglichkeiten!

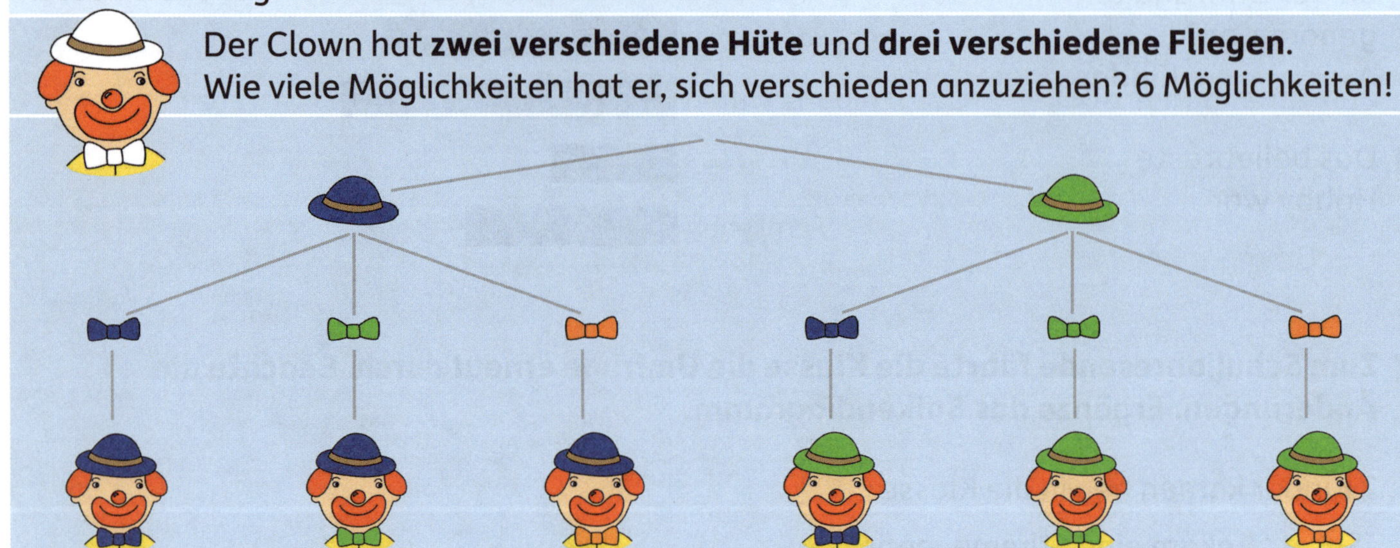

Wenn du die Wahrscheinlichkeit eines Ereignisses berechnen möchtest, musst du wissen, wie viele Ergebnisse möglich sind. Obwohl der Zufall letztlich über das Ergebnis bestimmt, kann man eine Vorhersage treffen, ob das Ergebnis wahrscheinlich/unwahrscheinlich, möglich/unmöglich oder sicher ist.

Du würfelst mit einem Würfel mit den Augenzahlen 1, 2, 3, 4, 5 und 6. Bei jedem Wurf ist die Wahrscheinlichkeit, eine 1 zu würfeln, genauso hoch, wie die Wahrscheinlichkeit, eine 2, 3, 4, 5 oder 6 zu würfeln.

2. Jetzt geht's ans Üben!

1 **Tobi bringt sich aus dem Urlaub immer ein kleines Stofftier mit nach Hause. Seine vier Favoriten möchte er gerne in einer Reihe auf das Regal über seinem Schreibtisch stellen. Wie viele verschiedene Möglichkeiten für eine Reihenfolge hat er für die ersten beiden Plätze?**

A: ______________________________

2 **Die Freunde Lisa, Tim und Yusa vergleichen auf dem Jahrmarkt vier Glücksräder.**

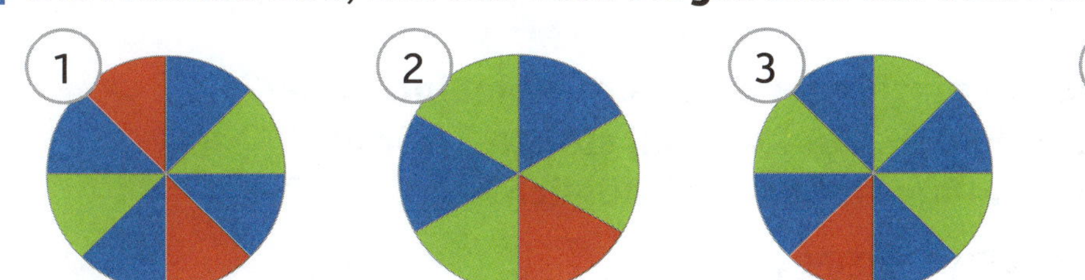

Auf welches Glücksrad oder welche Glücksräder treffen die folgenden Aussagen zu? Schreibe immer alle möglichen Glücksräder auf.

a Die Gewinnchance für Blau ist größer als für Grün. ______________

b Die Gewinnchance für Rot und Grün ist gleich groß. ______________

c Die Gewinnchance für Grün ist am größten. ______________

d Die Gewinnchance für Rot ist am geringsten. ______________

e Alle Farben haben die gleiche Chance zu gewinnen. ______________

3 **Sieh dir die Säckchen genau an. Bei welchem Säckchen ist die Wahrscheinlichkeit zu gewinnen am größten? Begründe deine Wahl.**

a Du gewinnst, wenn du eine lila Kugel ziehst. ______________

____

b Du gewinnst, wenn du eine blaue oder orange Kugel ziehst. ______________

____

c Du gewinnst, wenn du eine grüne Kugel ziehst. ______________

____

d Bei welchen Säckchen ist die Wahrscheinlichkeit, gezogen zu werden, für alle vorhandenen Farben gleich groß? ______________

3. Bist du fit für den Übertritt?

1 **Flora probiert für die Faschingsfeier verschiedene Kostüm-Kombinationen. Sie möchte sich gerne als Hexe verkleiden. Zur Auswahl stehen 3 Röcke, 2 Oberteile und 2 Hüte. Wie viele Kombinationen sind möglich?**

   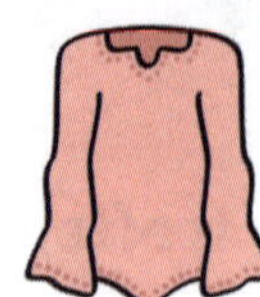 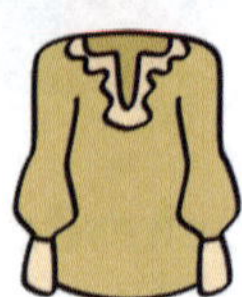 

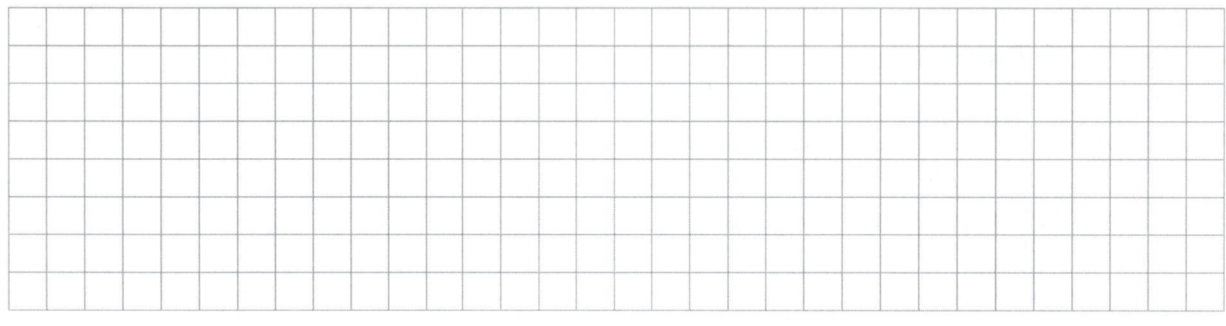

A: ______________________ /2

2 **In einem Säckchen befinden sich 3 rote und 2 grüne Kugeln. Wie viele Kugeln musst du mindestens ziehen, um sicher eine Kugel von jeder Farbe zu ziehen?**

A: ______________________ /1

3 **Mia behauptet: „Bei meinem Glücksrad ist die Chance, ein blaues Feld zu drehen, genauso groß, wie ein weißes zu erdrehen.“ Sieh dir das Glücksrad genau an und vervollständige es so, dass die Aussage richtig ist.**

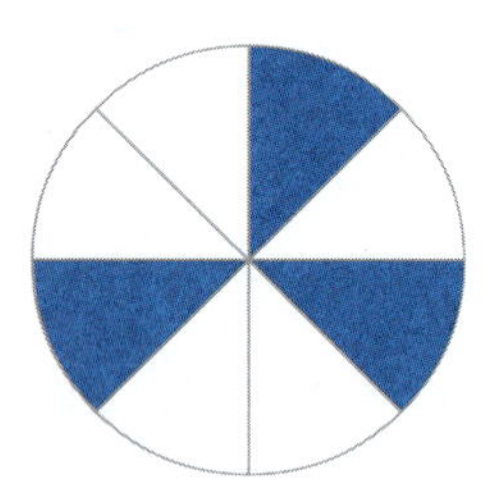

/1

4 **Lies dir die Gewinnregeln auf den Karten durch. Welche Regel würdest du wählen, um die größtmögliche Chance auf Gewinn zu haben? Begründe.**

1 Gelb gewinnt.	2 Blau oder Rot gewinnt.	3 Grün gewinnt.	4 Blau oder Grün gewinnt.

A: ______________________ /2

Von 6 Punkten hast du ______ erreicht.

1. Das musst du wissen: Geometrisches Zeichnen

Zum geometrischen Zeichnen benötigst du ein **Geodreieck** und einen **Zirkel**.

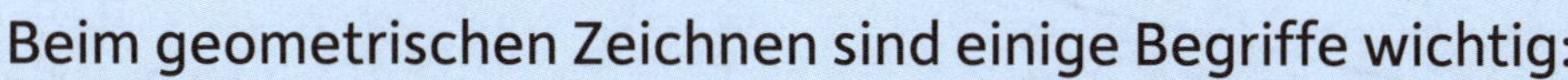

Beim geometrischen Zeichnen sind einige Begriffe wichtig:

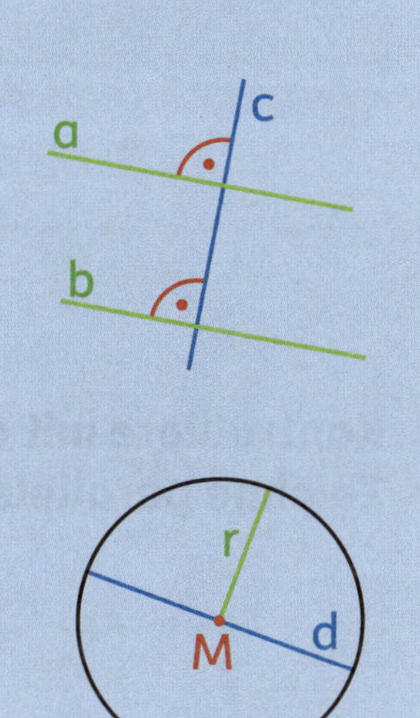

Parallele Linie: Zwei Linien (a, b) sind parallel zueinander, wenn sie an jeder Stelle den gleichen Abstand zueinander haben.

Senkrechte Linie: Zwei Linien (a, c und b, c) stehen senkrecht zueinander, wenn sie einen **rechten Winkel** (90°) bilden.

Zum Zeichnen eines Kreises mit dem Zirkel musst du den **Radius (r)** kennen. Er ist die Strecke vom **Mittelpunkt (M)** eines Kreises zu einem Punkt auf der Kreislinie.
Der **Durchmesser (d)** eines Kreises ist der doppelte Radius.

2. Jetzt geht's ans Üben!

1 **Die vorgegebene Linie ist eine Seite eines Quadrats. Ergänze die fehlenden Linien mit deinem Geodreieck.**

2 **Zeichne ein Viereck mit genau zwei rechten Winkeln.**

3 **Zeichne mit dem Geodreieck drei Linien ein, die zu a parallel sind, und zwei Linien, die zu a senkrecht sind. Zeichne auch die rechten Winkel ein.**

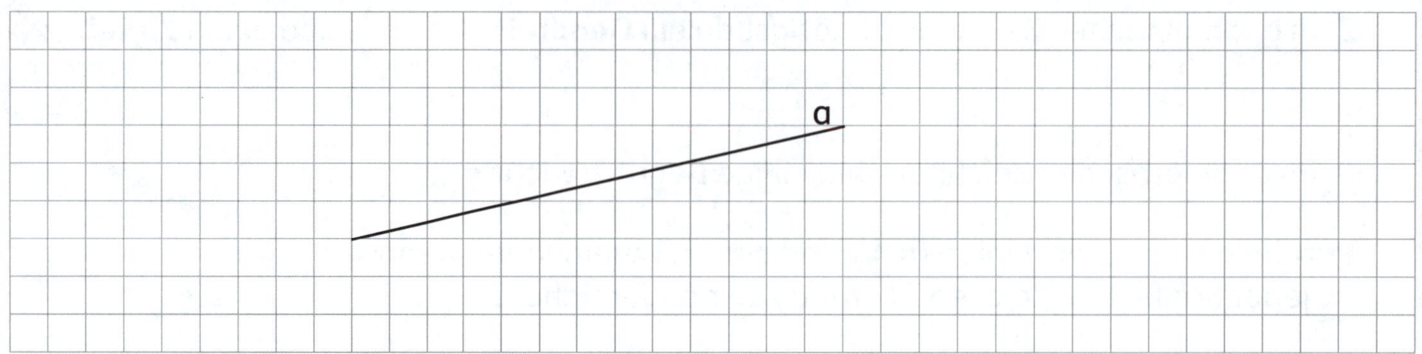

4 **Kontrolliere mit deinem Geodreieck, welche Linien parallel zueinander sind. Zeichne parallele Linien mit der gleichen Farbe nach.**

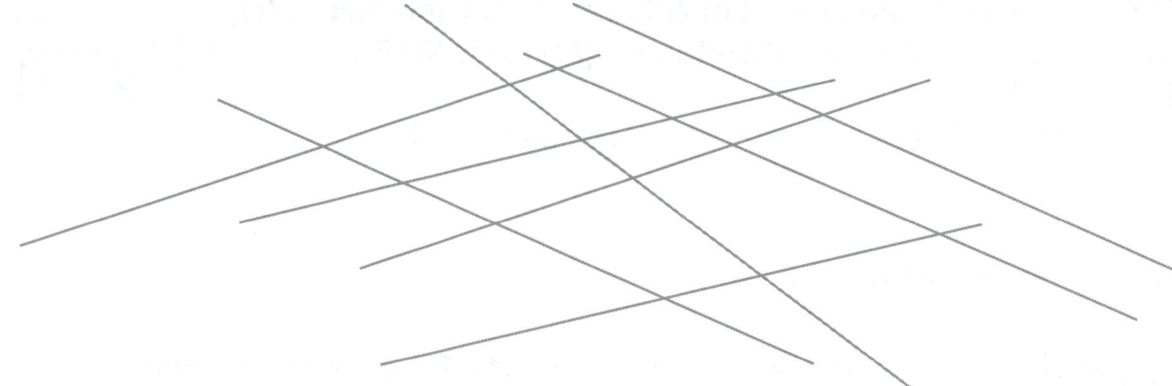

5 **Miss mit deinem Geodreieck aus und trage farbig in den Kreis ein:**

Radius (r) = ________ mm

Durchmesser (d) = ________ mm

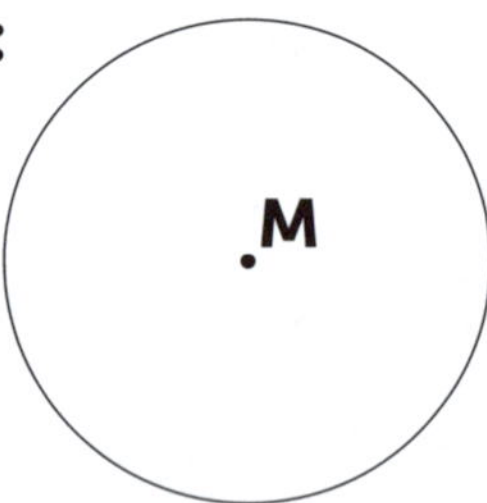

6 **Zeichne das Muster vergrößert mit deinem Zirkel nach. Der Radius des inneren Kreises soll 1,5 cm betragen, der des äußeren Kreises 2,5 cm.**

3. Bist du fit für den Übertritt?

1 **Zeichne eine 5-eckige Figur mit genau zwei rechten Winkeln. Markiere die rechten Winkel mit dem passenden Zeichen.**

/3

2 **Miss und zeichne.**

.A

B.

a Der Abstand der beiden Linien beträgt ______ cm. /1

b Zeichne eine Linie ein, die parallel zu den beiden vorgegebenen Linien ist und durch den Punkt A geht. /1

c Zeichne eine Linie ein, die senkrecht auf den nun drei Linien steht und durch den Punkt B geht. /1

d Zeichne alle rechten Winkel ein. /1

3 **Zeichne ein Quadrat mit einer Seitenlänge von 4 cm. Zeichne nun mit dem Zirkel einen Kreis, der das Quadrat an allen vier Seiten berührt. Zeichne einen weiteren Kreis mit gleichem Mittelpunkt und halb so großem Radius ein.**

/3

Von 10 Punkten hast du ______ erreicht.

1. Das musst du wissen: Körperformen

Ein geometrischer Körper ist ein **dreidimensionaler Gegenstand**. Jeder Körper wird von einer oder mehreren Flächen begrenzt. Wenn zwei Flächen zusammenstoßen, entstehen Kanten. Zwei Kanten treffen sich in einer Ecke.

Wichtige geometrische Körper:

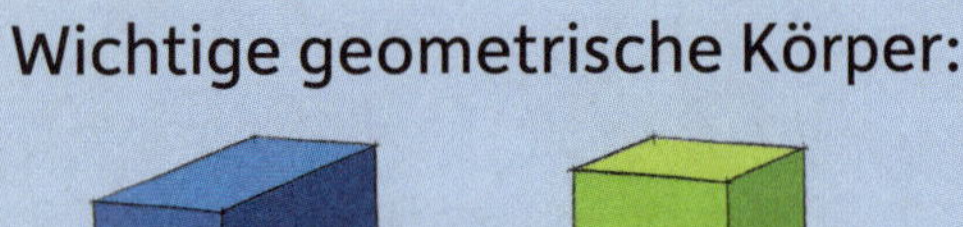

Quader

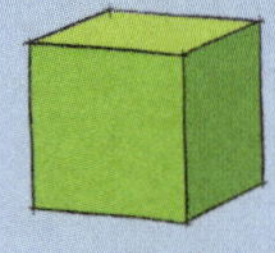
Würfel

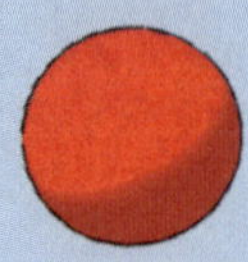
Kugel

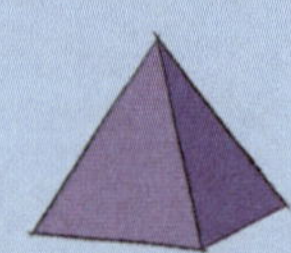
Pyramide

Zylinder

Kegel

Jeder Körper hat ein dazugehöriges **Netz**. Dieses entsteht, wenn man den Körper an einigen Kanten aufschneidet und die Flächen ausbreitet. Die ausgebreiteten Flächen hängen so zusammen, dass du daraus den Körper wieder zusammenbauen kannst.

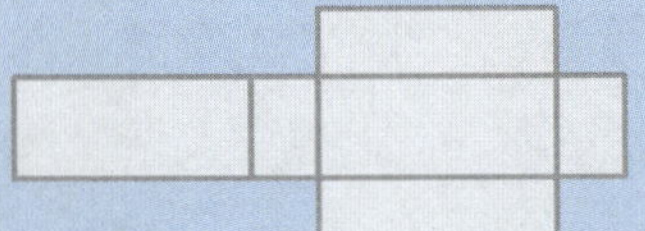
Netz eines Quaders

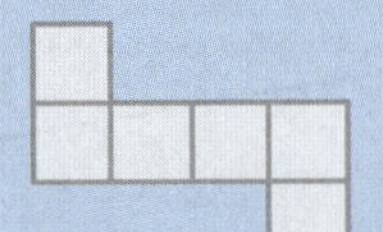
Netz eines Würfels

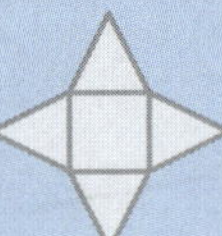
Netz einer Pyramide

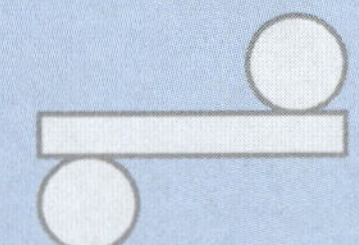
Netz eines Zylinders

Mit Würfeln kann man **Würfelgebäude** bauen und **Pläne** dazu schreiben.

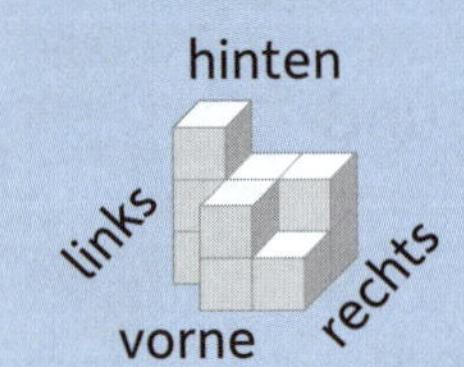

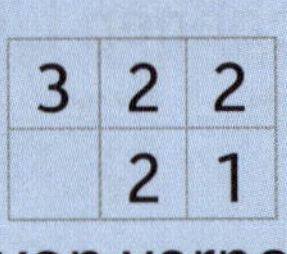

von vorne

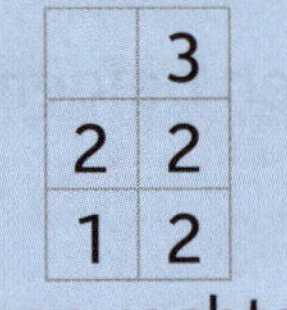

von rechts

2	1
2	2
3	

von links

1	2	
2	2	3

von hinten

Mit **Einheitswürfeln** kann man den **Rauminhalt** eines Körpers bestimmen.

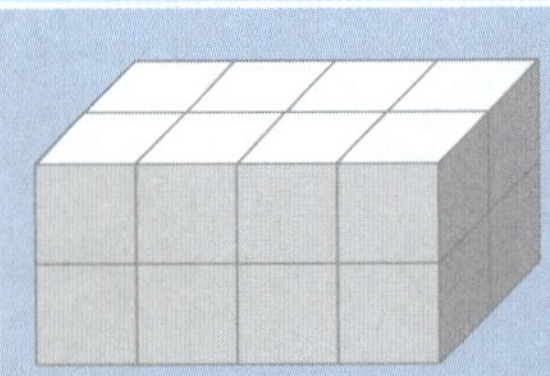

Dieser Quader besteht aus 16 gleich großen Würfeln.
Sein Rauminhalt (Volumen) beträgt somit 16 W (W = Würfelgröße).

2. Jetzt geht's ans Üben!

1 Notiere jeweils die Anzahl.

a Ein Quader hat ______ Flächen, ______ Kanten und ______ Ecken.

b Eine Pyramide mit einer quadratischen Grundfläche hat ______ Flächen.

c Ein Kegel hat ______ Fläche(n), ______ Kante(n) und ______ Ecke(n)/Spitze(n).

2 **Bei einem Spielwürfel ergibt die Summe der gegenüberliegenden Augenzahlen stets sieben. Ergänze bei den folgenden Würfelnetzen die fehlenden Punkte.**

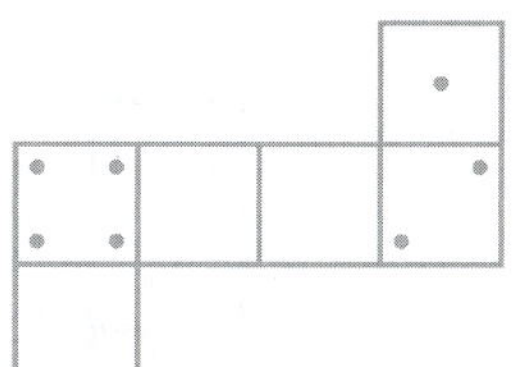
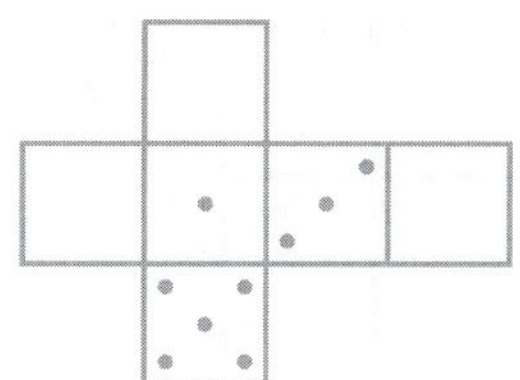
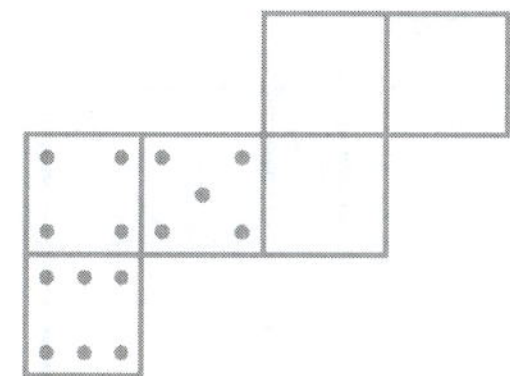

3 **Kreuze alle Quadernetze an.**

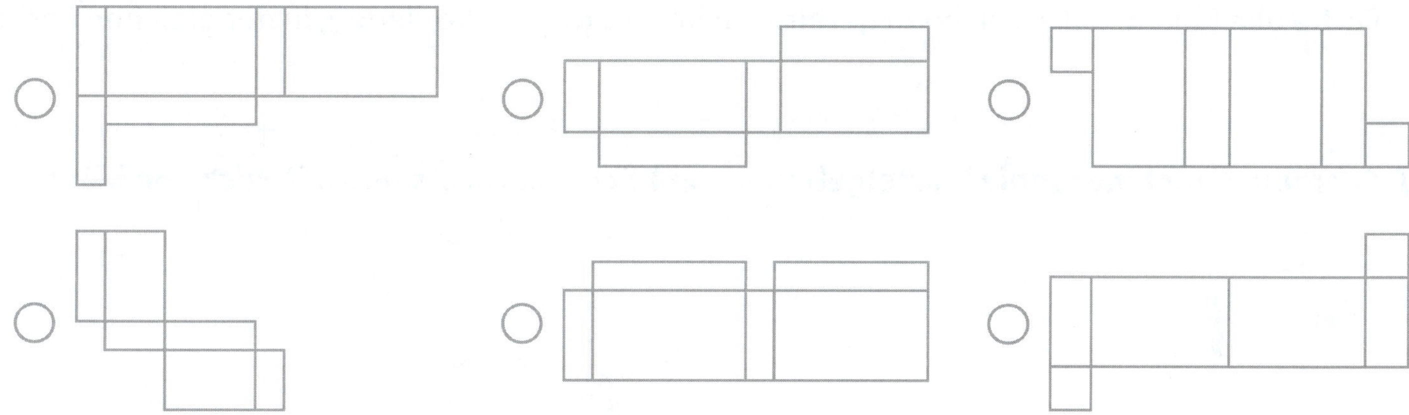

4 **Jetzt wird es schwieriger. Welche Ecken treffen beim Zusammenfalten des Quaders aufeinander? Beschrifte sie mit der gleichen Zahl.**

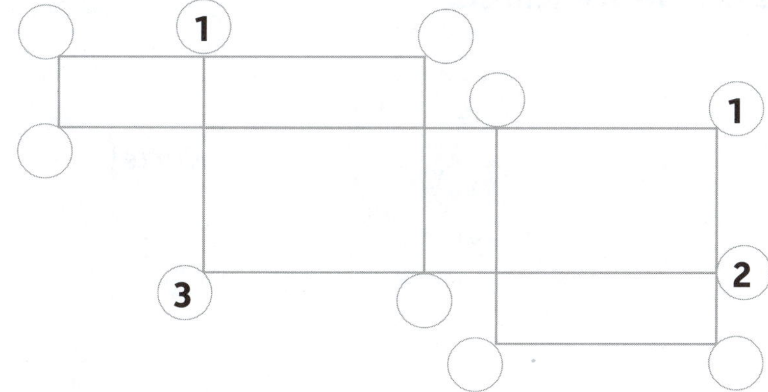

5 **Dieser Quader wurde aus einem weißen und zwei blauen Farbklötzen zusammengeklebt. Färbe die Netze so, dass beim Zusammenfalten genau dieser neue Quader entsteht.**

G = Grundfläche

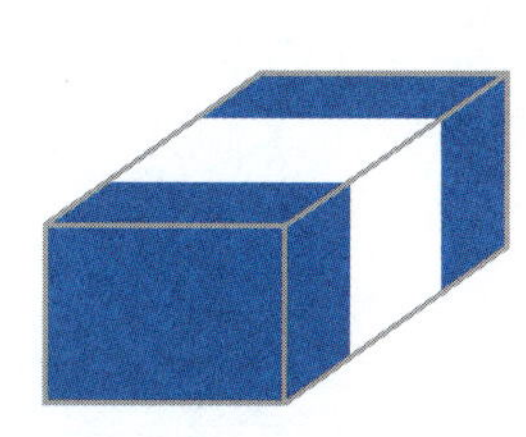
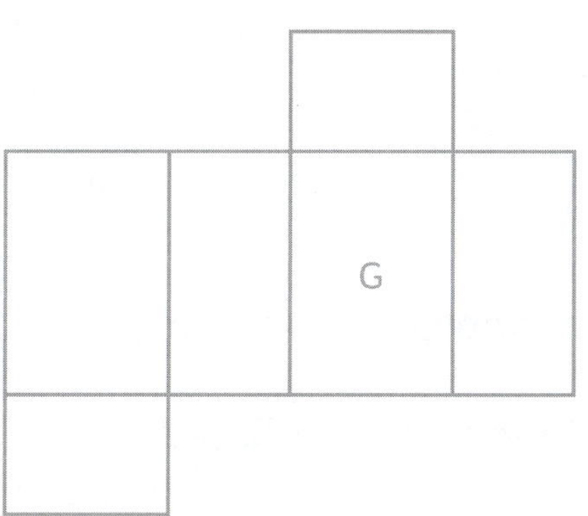

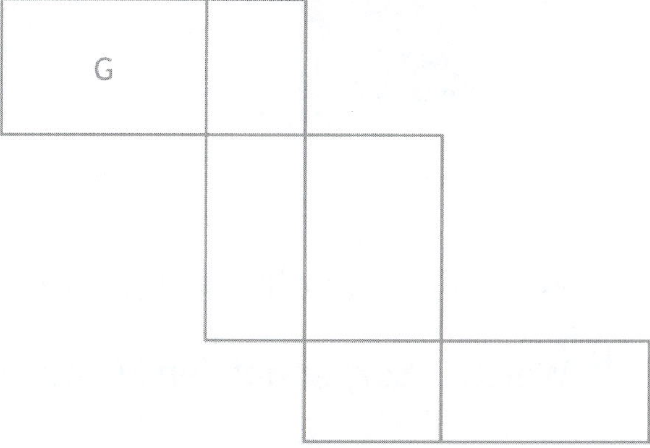

6 Quadernetze und Würfelnetze

a Ergänze die fehlenden Flächen so, dass vollständige Netze entstehen.

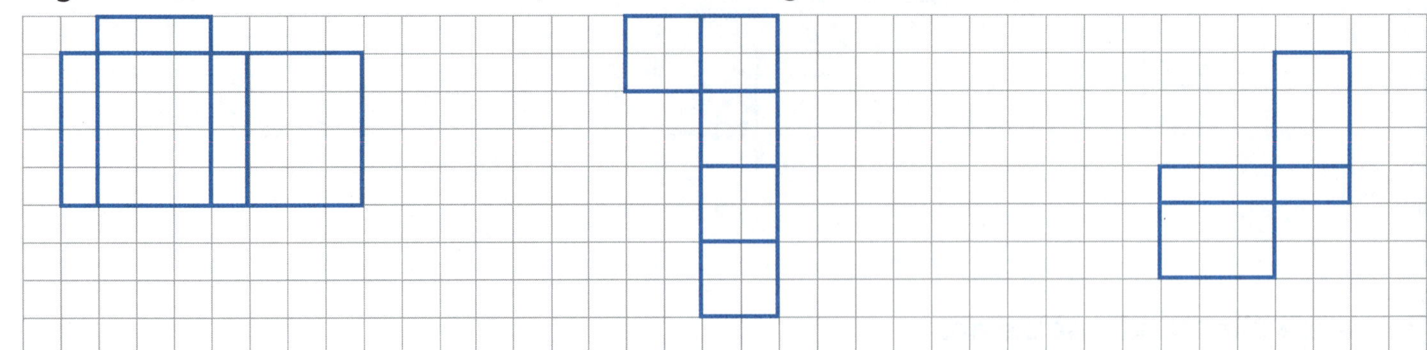

b Färbe alle Flächen, die sich beim gefalteten Körper gegenüberliegen, in der gleichen Farbe.

7 Schreibe Baupläne für die Würfelgebäude mit Blick von rechts und mit Blick von hinten.

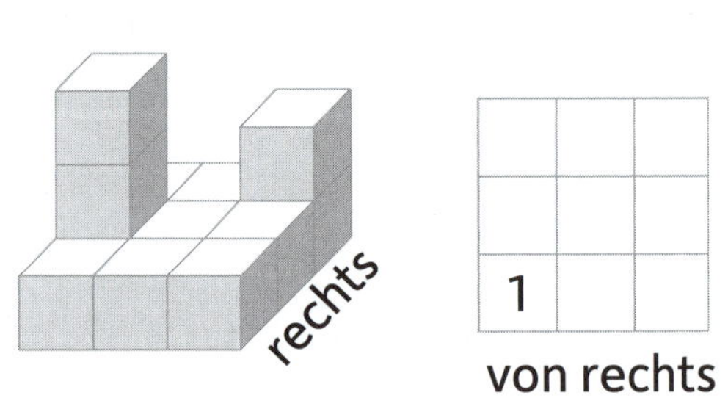

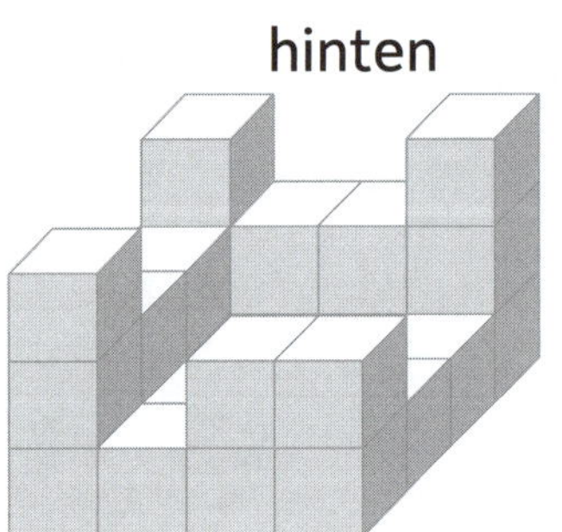

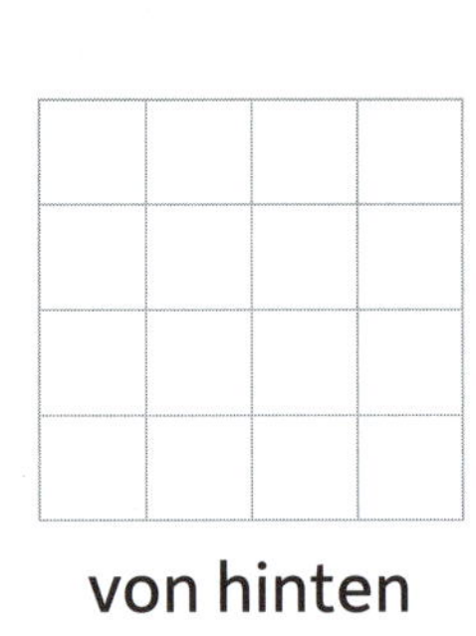

8 Wie viele weitere Würfel passen jeweils in jede Schachtel?

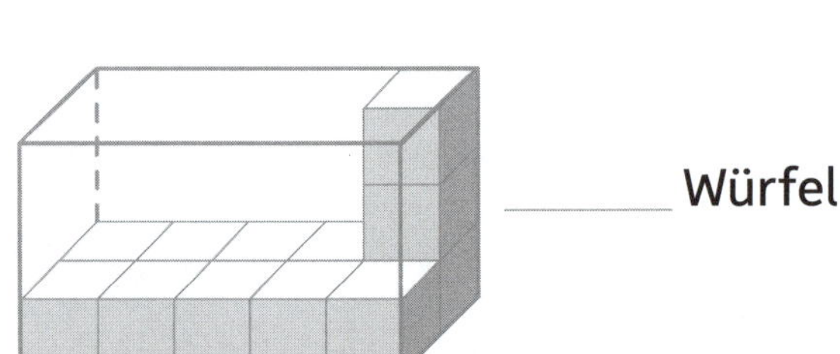

_____ Würfel

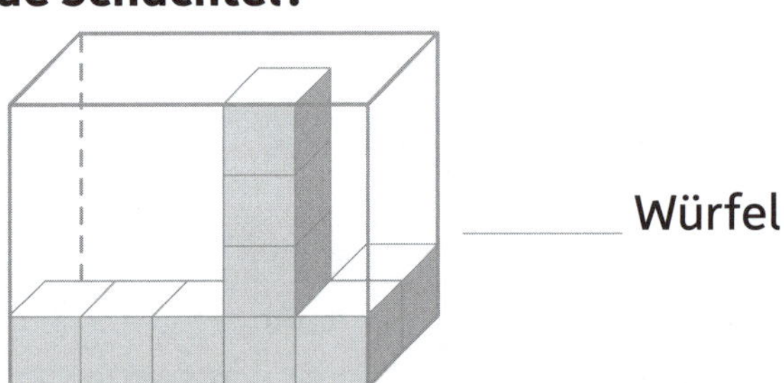

_____ Würfel

9 Vergleiche.

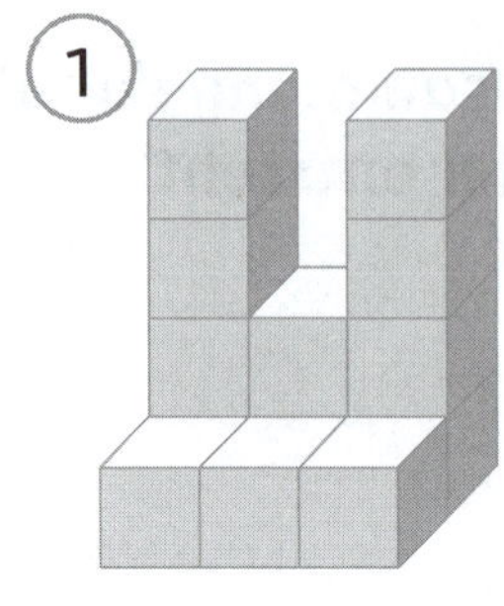

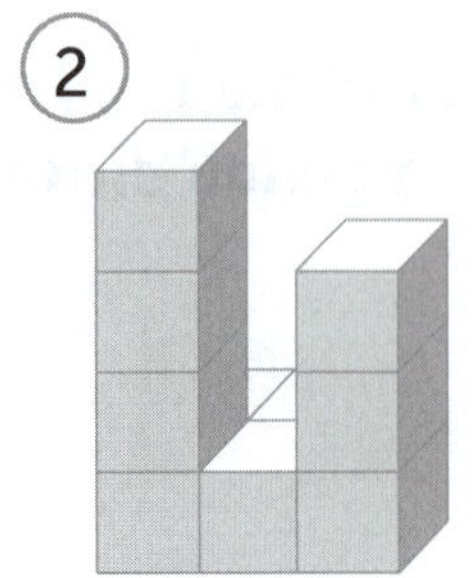

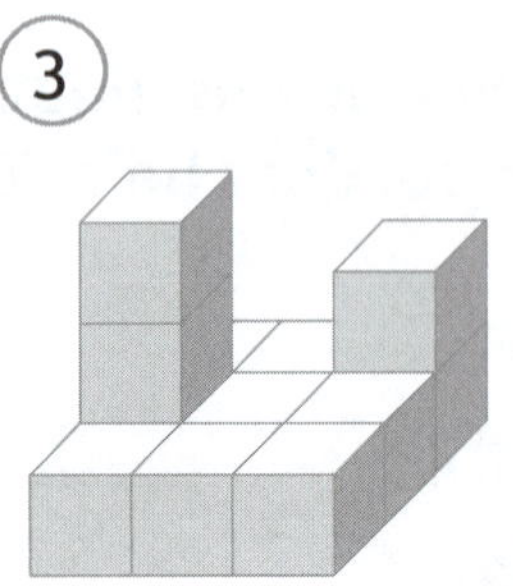

a Welcher Körper hat den größten Rauminhalt? Körper _____

b Welcher Körper hat den kleinsten Rauminhalt? Körper _____

3. Bist du fit für den Übertritt?

1 **Anna hat einen Quader aus Würfeln gebaut. Sie färbt alle Außenflächen des Quaders rot ein. Nun zerlegt sie den Quader wieder in die kleinen Würfel.**

a Wie viele kleine Würfel haben keine rote Flächen? ______ Würfel

b Wie viele kleine Würfel haben genau zwei rote Flächen? ______ Würfel

☐ /2

2 **Dieser Körper besteht aus 14 gleich großen Würfeln.**

a Schreibe zwei Baupläne zu dem Körper: von vorne und von der linken Seite.

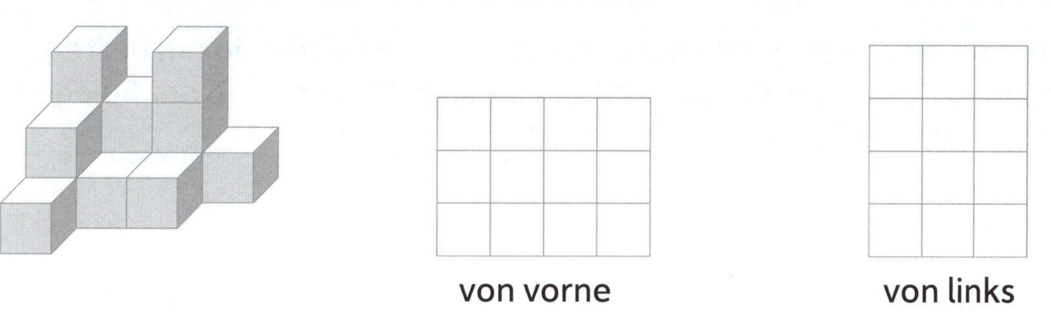

☐ /2

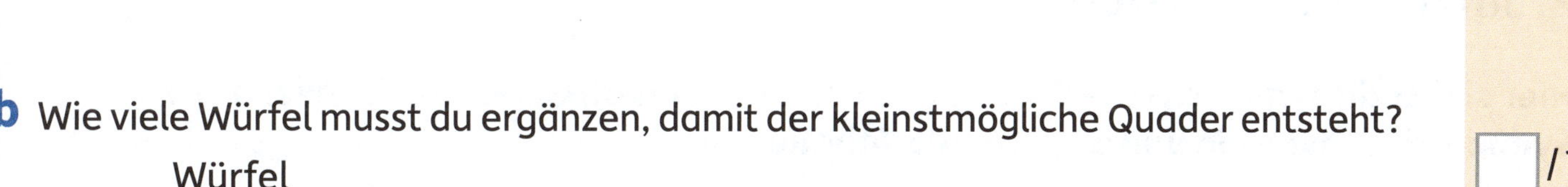

b Wie viele Würfel musst du ergänzen, damit der kleinstmögliche Quader entsteht?

______ Würfel

☐ /1

3 **Um ein quaderförmiges Geschenk verlaufen zwei Bänder. Zeichne jeweils einen möglichen Verlauf der Bänder in die beiden Netze ein. Die Schleife musst du nicht einzeichnen.**

G = Grundfläche

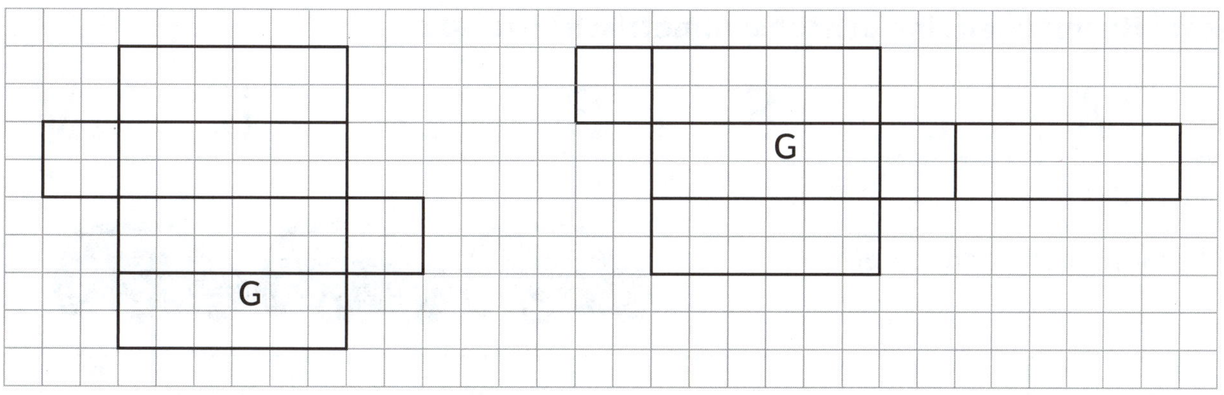

☐ /2

Von 7 Punkten hast du ______ erreicht.

1. Das musst du wissen: Achsensymmetrie

Im Alltag begegnen uns viele symmetrische Bilder und Figuren.

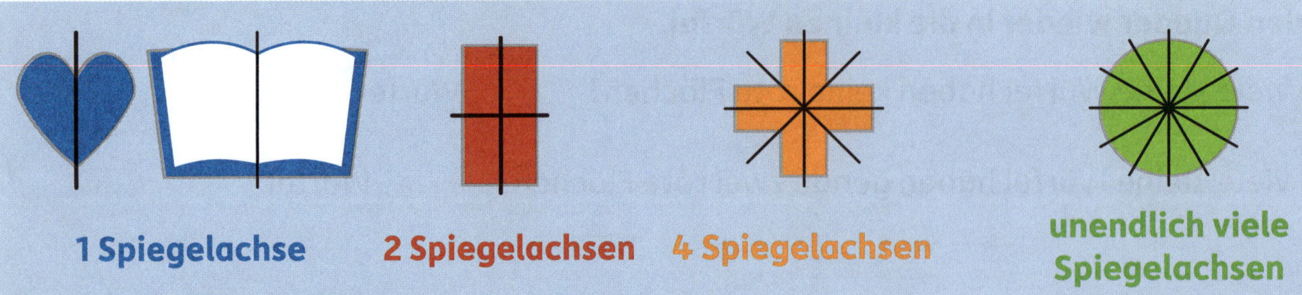

Diese Bilder sind achsensymmetrisch, d.h. die Symmetrieachse (oder auch Spiegelachse) teilt die Figur in **zwei gleiche Hälften**. Beide Hälften sind **deckungsgleich**. Besitzt eine Figur mehr als eine Symmetrieachse, so schneiden sich alle Achsen in einem Punkt.

Möchtest du eine Figur an einer Symmetrieachse spiegeln, verwendest du am besten dein Geodreieck. Beachte, dass jeder **Bildpunkt den gleichen Abstand** von der Spiegelachse hat wie der ursprüngliche Punkt.

2. Jetzt geht's ans Üben!

1 **Hier siehst du symmetrische Figuren. Zeichne mit Lineal/Geodreieck jeweils alle Symmetrieachsen ein und ergänze die Tabelle.**

Figur				
Anzahl der Spiegelachsen				

2 **Welche dieser Buchstaben sind achsensymmetrisch? Kreise sie ein.**

H M L S B J N V

3 **Zeichne alle Symmetrieachsen ein.**

4 **Spiegle die Figuren an der eingezeichneten Symmetrieachse.**

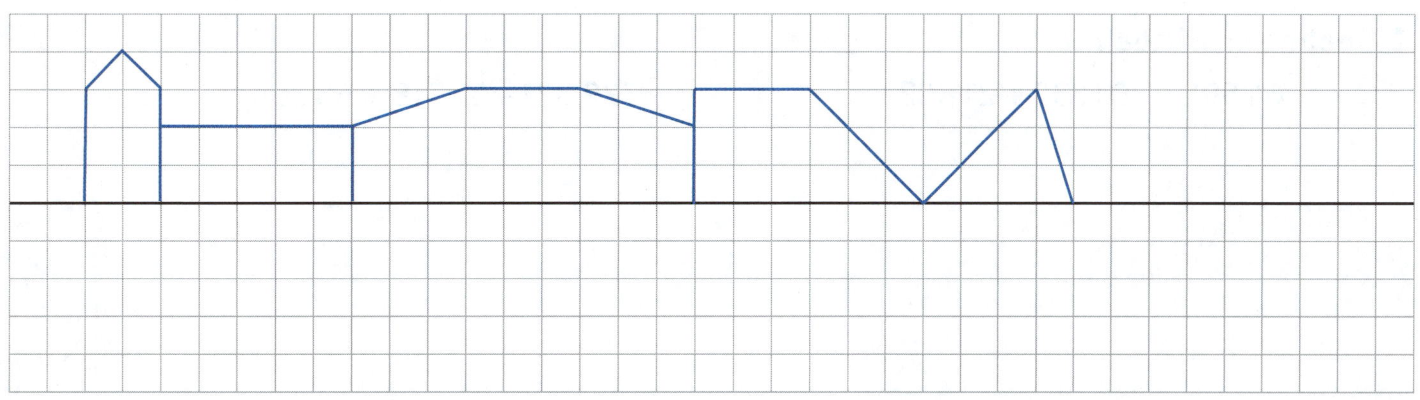

5 **Spiegle die Figur an beiden eingezeichneten Symmetrieachsen. Verwende dein Geodreieck.**

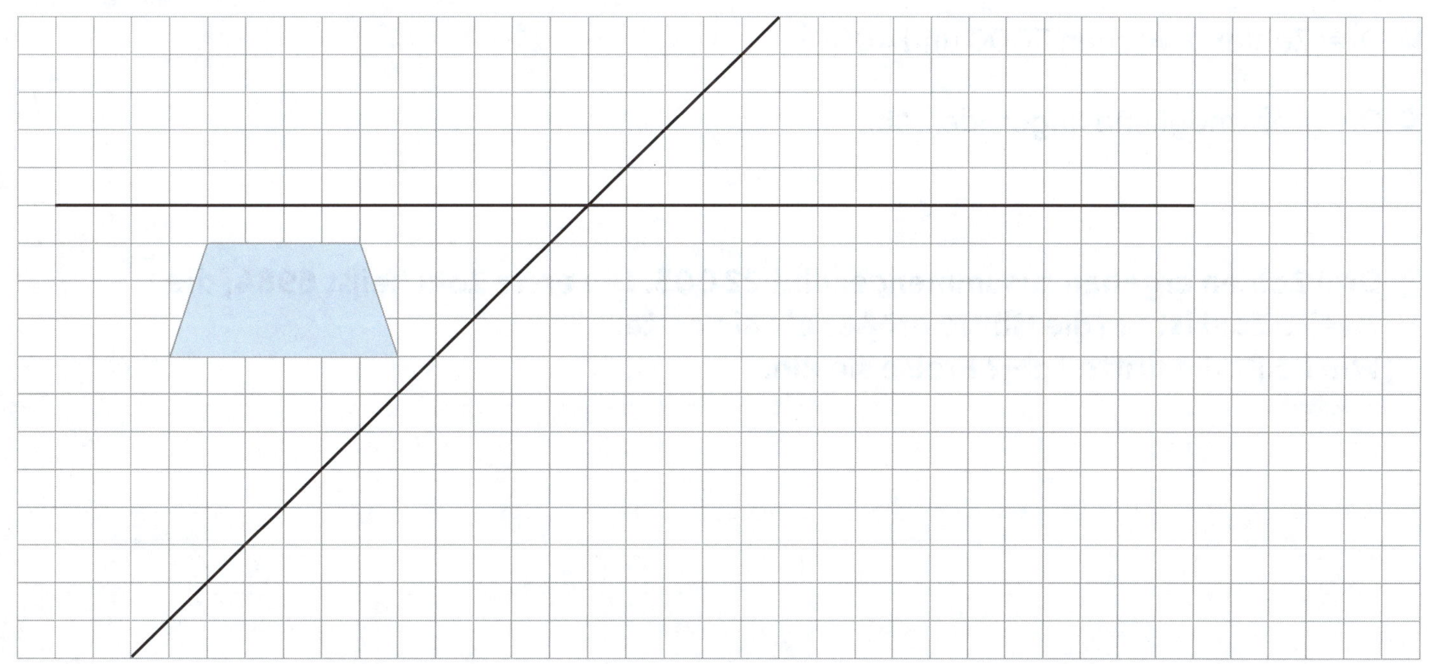

6 **Färbe in jedem Feld <u>zwei weitere kleine Quadrate</u> so ein, dass jeweils ein achsensymmetrisches Bild mit <u>genau einer Symmetrieachse</u> entsteht. Zeichne auch jeweils diese Symmetrieachse ein. Finde zwei verschiedene Möglichkeiten, Quadrate zu färben.**

Abschlusstest 1

1 Rechne schriftlich.

64 591 + 201 835 + 21 862

729 021 – 32 718 + 69 264

/4

2 Bilde jeweils aus allen Ziffernkärtchen die gesuchten Zahlen.

3

a Die kleinstmögliche Zahl: ______________

b Drei Zahlen zwischen 3000 und 4000: ______________

c Die größtmögliche ungerade Zahl: ______________ /3

3 Drei Zahlen ergeben zusammengezählt 22 005. Die erste Zahl heißt 6984, die zweite Zahl ist um die Hälfte größer als die erste. Wie heißt die dritte Zahl? Kreise sie ein.

/4

4 Natascha kauft im Supermarkt ein Glas Honig, 3 Becher Quark und 2 Flaschen Milch. Sie bezahlt mit einem 20-€-Schein. Wie viel Geld bekommt sie zurück?

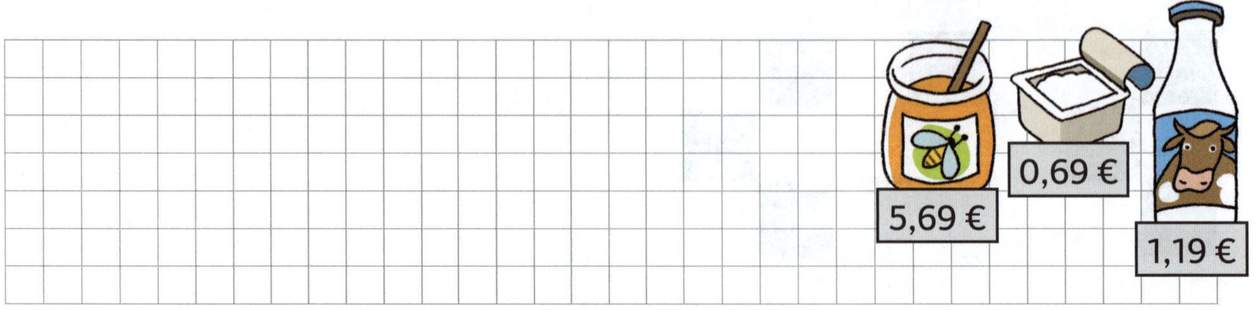

A: ______________ /2,5

5 Jedes Zeichen steht für eine Ziffer von 0 bis 9. Ergänze alle Lücken.

☽	⬢	★	♦	✚	▲	■	✱	♥	●
	6								

■ + ■ + ■ = ⬢ ______   ⬢ : ▲ = ■ ______   ▲ · ☽ = ●■ ______

■ · ★☽ = ●☽✱ ______   ▲✱☽ + ■✚♦ = ⬢☽▲ ______

/4,5

6 a Welches ist die größte Zahl, die gerundet 60 ergibt? ______

b Welches ist die kleinste Zahl, die gerundet 60 ergibt? ______

/2

7 Familie Schulze fährt um 7:30 Uhr mit dem Auto los und kommt um 13:17 Uhr bei den Großeltern an.

a Die gesamte Reisezeit beträgt ______ h und ______ min.

b Während der Fahrt hat die Familie eine Pause von 45 Minuten und eine weitere von 10 Minuten eingelegt.
Die reine Fahrtzeit beträgt daher ______.

/2

8 Trage die Dominosteine richtig in die Reihe ein. Du darfst sie drehen. Immer gleiche Werte stoßen dabei von Karte zu Karte aneinander.

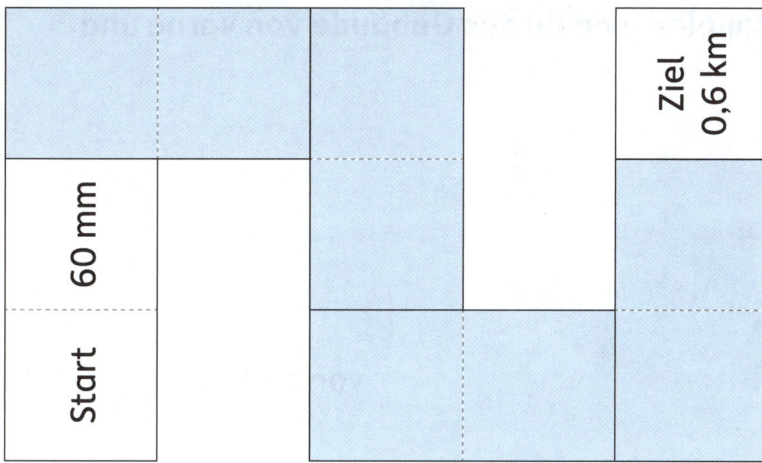

0,6 cm	0,6 m	6 cm	600 mm	6 m	600 m	6 mm	600 cm

/2

9 Gesucht wird eine Linie. Sie ist zu den Linien c und g senkrecht und zu den Linien a und f parallel.

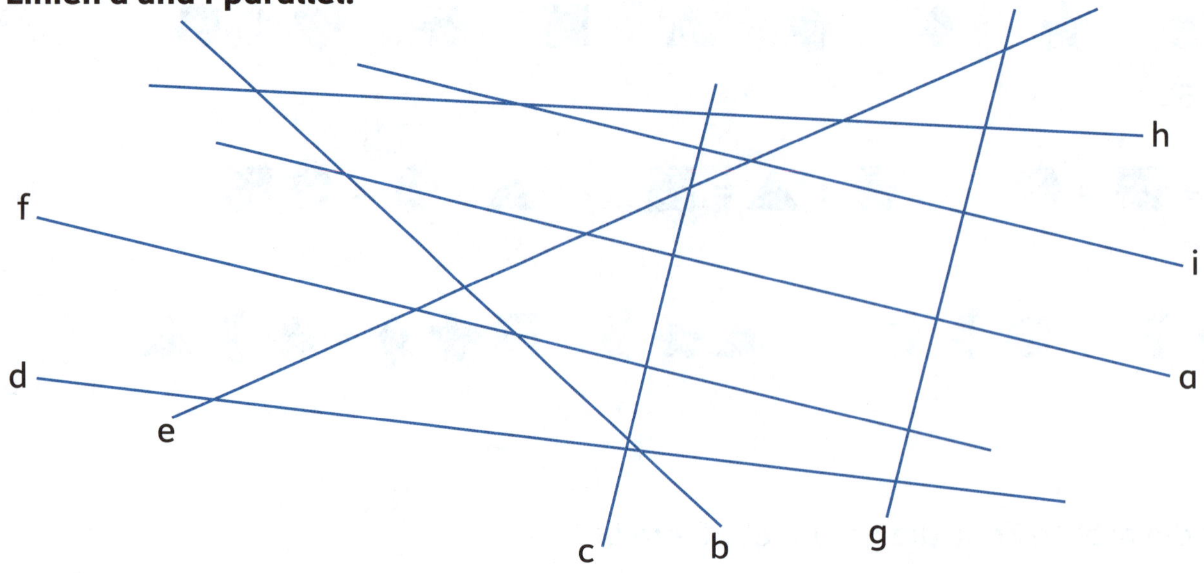

a Die gesuchte Linie trägt den Buchstaben ________.

b Zeichne eine weitere Linie mit diesen Eigenschaften oben dazu.

☐ /2

10 Der Würfel wird 5-mal gekippt. Zunächst auf Feld 1, dann auf Feld 2, 3, 4, bis er auf Feld 5 zum Liegen kommt. Welche Augenzahl liegt auf den entsprechenden Feldern oben?

a Augenzahl oben auf Feld 3: ________

b Augenzahl oben auf Feld 5: ________

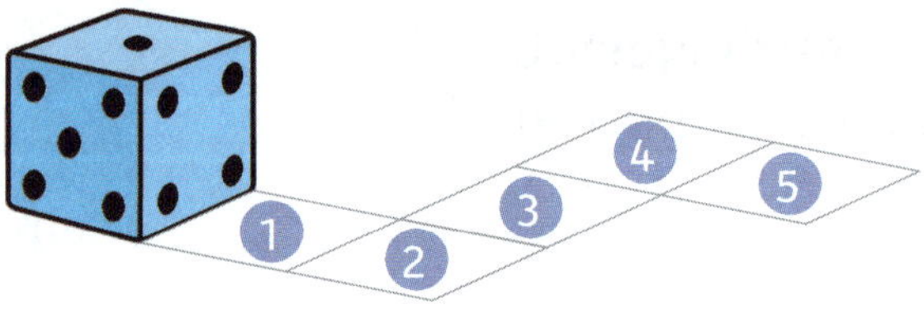

☐ /2

11 Schreibe jeweils einen Bauplan, wie du das Gebäude von vorne und von rechts siehst.

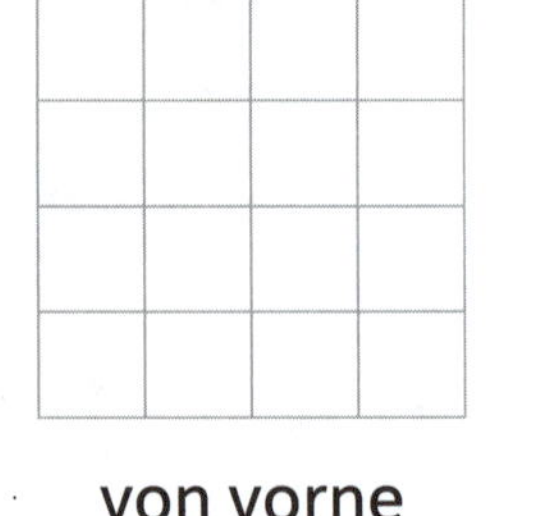

von vorne

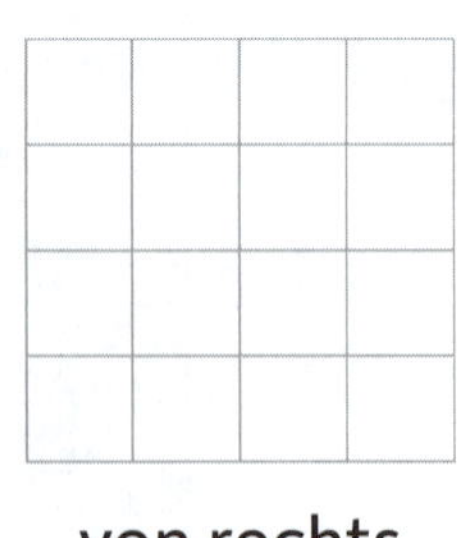

von rechts

☐ /2

Von 30 Punkten hast du ______ erreicht.

Abschlusstest 2

1 **Verbinde die zwei Zahlen passend mit dem Zahlenstrahl.**

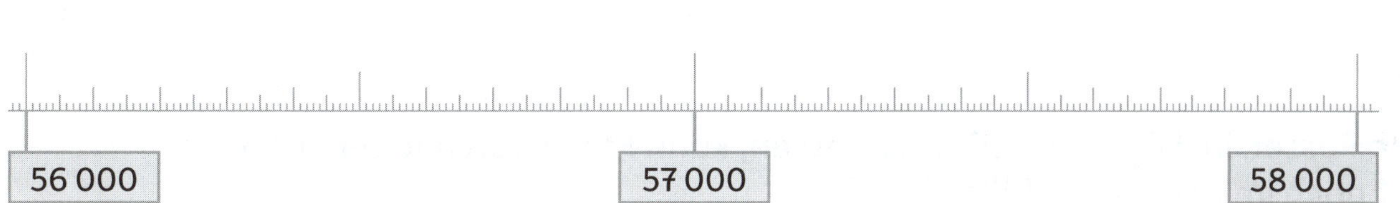

/2

2 **Multiplikation und Division. Berechne schriftlich.**

6386 · 7

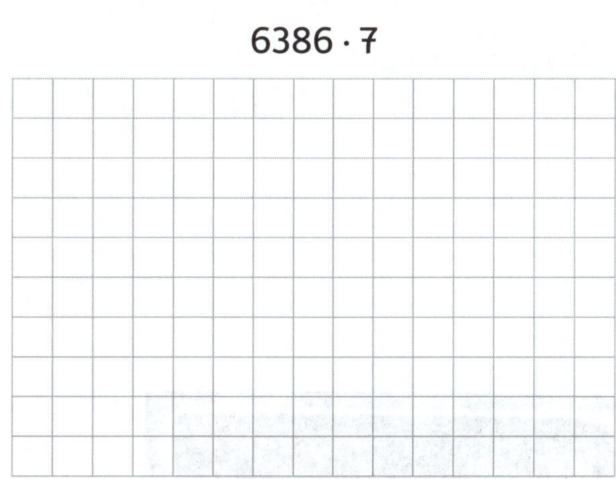

62 344 : 8

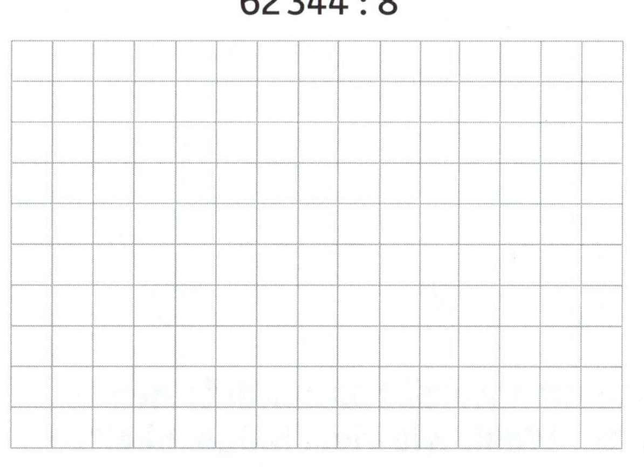

/2

3 **Addiert man alle Ziffern einer Zahl, so erhält man die Quersumme der Zahl. Beispiel: Quersumme der Zahl 6328 = 19, da 6 + 3 + 2 + 8 = 19 ist.**

a Nenne zwei fünfstellige Zahlen, die die Quersumme 13 haben.

____

b Nenne alle verschiedenen dreistelligen Zahlen, die die Quersumme 3 haben.

____

/4

4 **Ben soll auf Kilogramm, Euro und Meter runden. Hake richtige Ergebnisse ab und verbessere seine Fehler.**

7491 g ≈ 8 kg ______________

58 ct ≈ 1 € ______________

452 cm ≈ 4 m ______________

3 kg 560 g ≈ 4 kg ______________

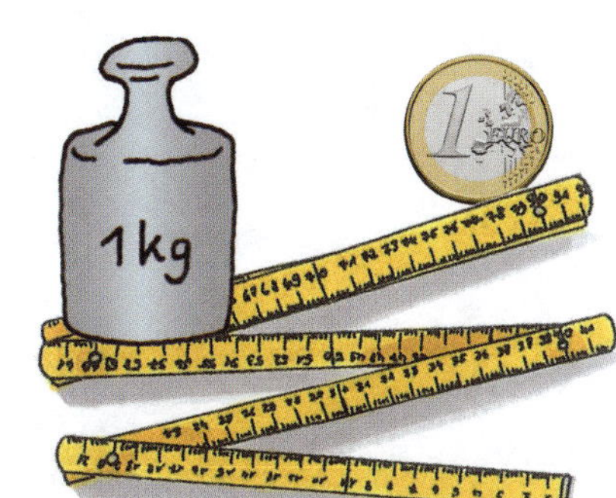

/2

5 **Frau Grün schöpft aus dem vollen Planschbecken ihrer Kinder mit einem 5-Liter-Eimer Wasser. Nach 24 vollen Eimern mit Wasser ist das Planschbecken noch halb voll.**

a Wie viele Liter passen insgesamt in das Planschbecken?

A: ______________________________

b Wie viele Fässer, in die jeweils 40 Liter passen, kann Frau Grün mit dem Wasser, das jetzt noch im Becken ist, füllen?

A: ______________________________

/4

6 **In der Schulmensa gibt es heute folgende Speisen zur Wahl. Wie viele Möglichkeiten gibt es, ein Menü aus Vorspeise, Hauptgericht und Nachspeise zusammenzustellen? Das Baumdiagramm kann dir helfen. Vervollständige es, wenn nötig.**

Vorspeise
- Gemüsesuppe (G)
- Tomatensalat (T)

Hauptgericht
- Nudeln mit Soße (N)
- Pizza Napoli (P)

Nachspeise
- Obstsalat (O)
- Wackelpudding (W)

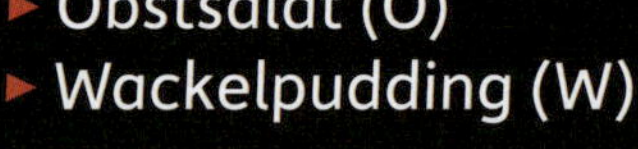

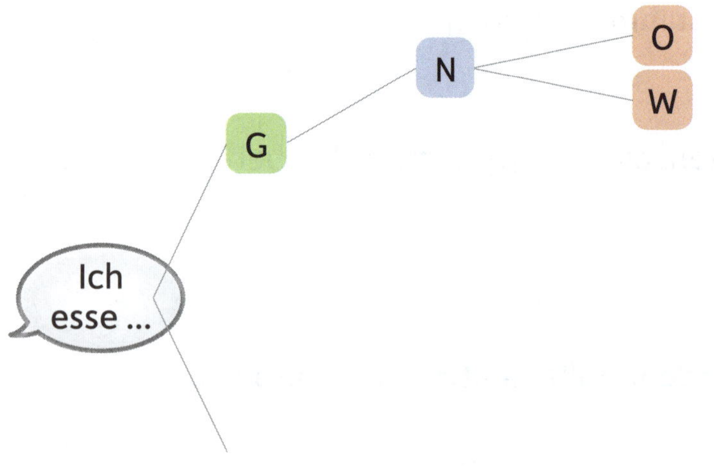

A: ______________________________

/1,5

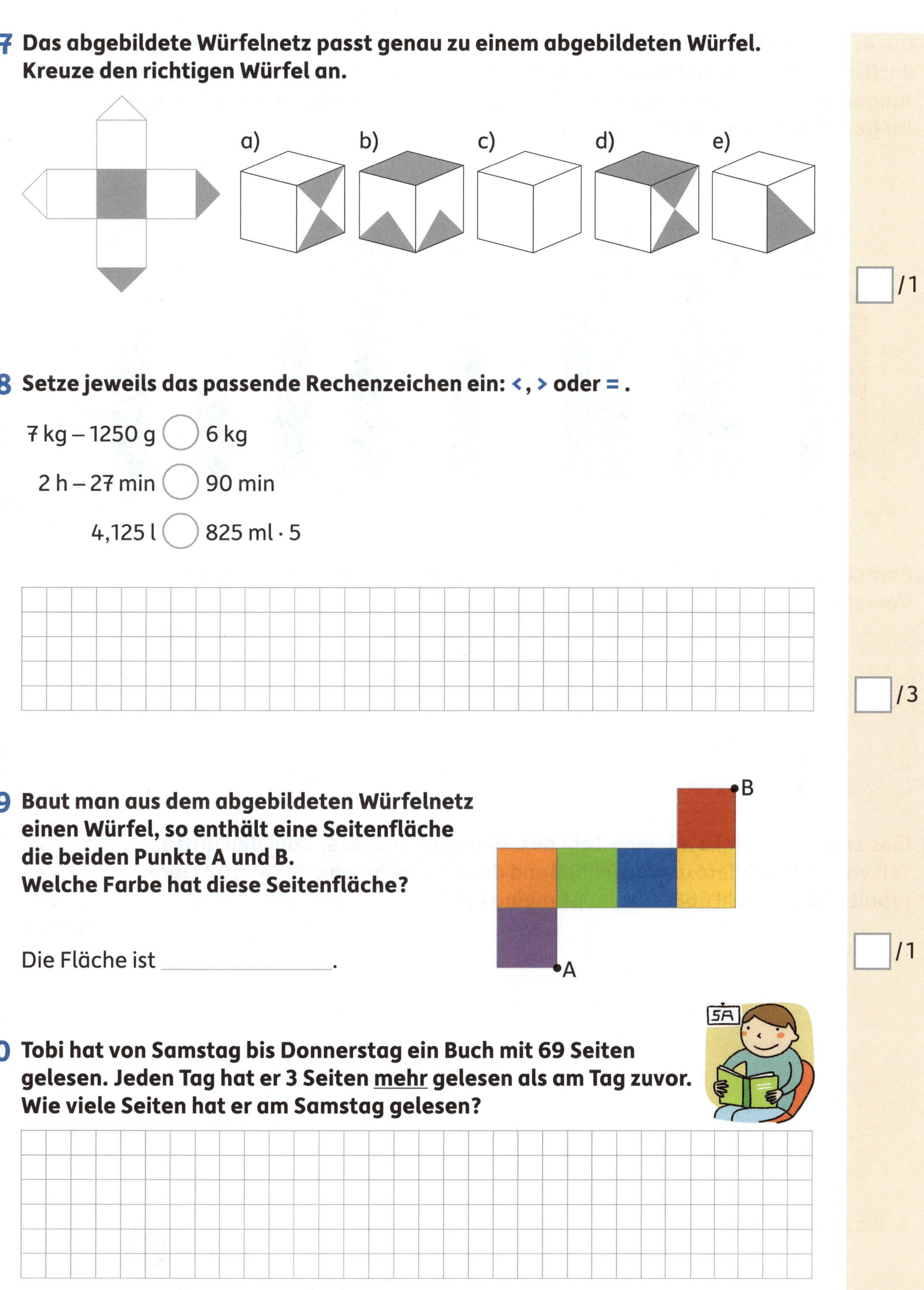

7 Das abgebildete Würfelnetz passt genau zu einem abgebildeten Würfel. Kreuze den richtigen Würfel an.

a) b) c) d) e)

/1

8 Setze jeweils das passende Rechenzeichen ein: <, > oder =.

7 kg – 1250 g ◯ 6 kg

2 h – 27 min ◯ 90 min

4,125 l ◯ 825 ml · 5

/3

9 Baut man aus dem abgebildeten Würfelnetz einen Würfel, so enthält eine Seitenfläche die beiden Punkte A und B. Welche Farbe hat diese Seitenfläche?

B

A

Die Fläche ist ________________.

/1

10 Tobi hat von Samstag bis Donnerstag ein Buch mit 69 Seiten gelesen. Jeden Tag hat er 3 Seiten <u>mehr</u> gelesen als am Tag zuvor. Wie viele Seiten hat er am Samstag gelesen?

A: ____

/1

11 **Die 4. Klassen haben eine Umfrage zur Lieblingseissorte erstellt. Jedes Kind durfte eine Sorte angeben. Im linken Diagramm kannst du die Verteilung auf Jungen und Mädchen in den vier 4. Klassen sehen. Die Lieblingseissorten der Jungen siehst du im rechten Diagramm.**

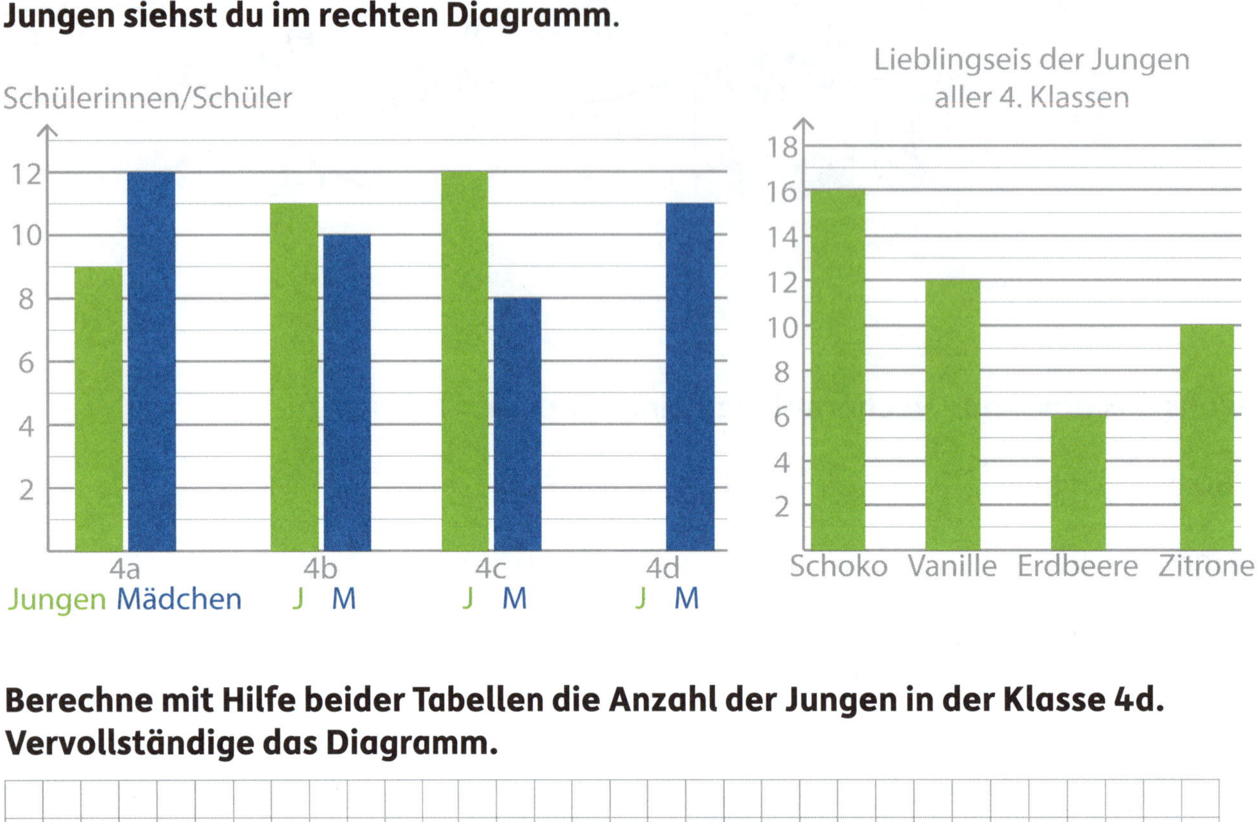

Berechne mit Hilfe beider Tabellen die Anzahl der Jungen in der Klasse 4d. Vervollständige das Diagramm.

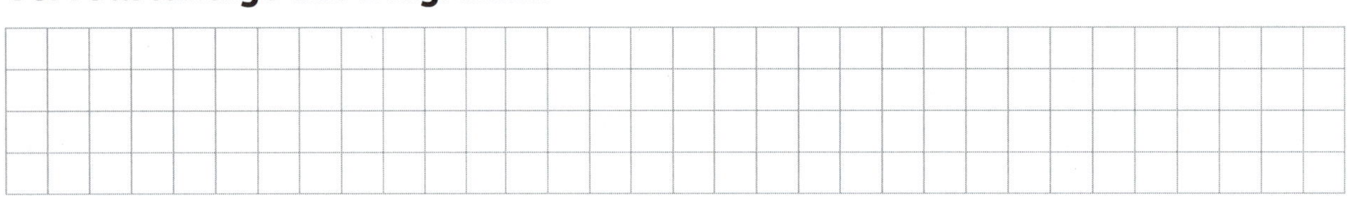

A: ______________________________

/4,5

12 **Ilias sagt: „Ich denke mir eine Zahl aus. Wenn ich zu dieser Zahl den dritten Teil von 3276 addiere und anschließend das Fünffache von 285 subtrahiere, erhalte ich die Zahl 666. Wie heißt meine Zahl?**

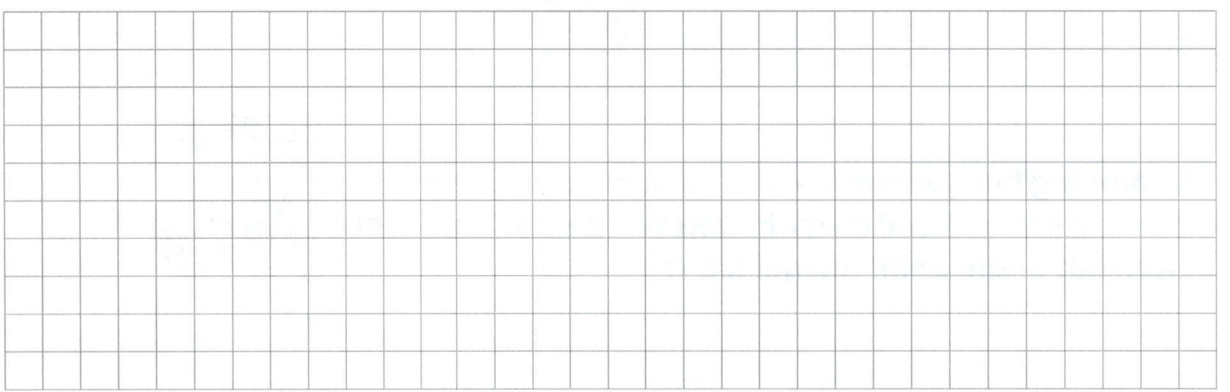

A: Ilias Zahl heißt __________.

/4

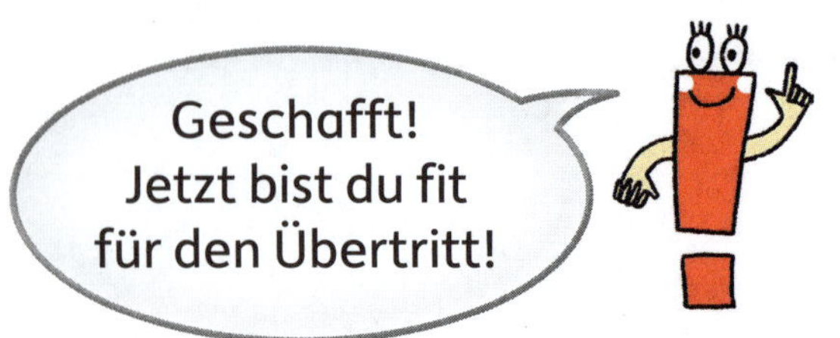

Von 30 Punkten hast du ______ erreicht.